작고 똑똑한
심리책

100 psychologische Denkfallen:

Warum wir hinterher meinen, es vorher besser gewusst zu haben
by Jana Nikitin, Marie Hennecke
Copyright © 2015/2018 Beltz Verlag in the publishing group Beltz · Weinheim Basel

Korean Translation Copyright © 2022 by Woongjin Think Big Co., Ltd
Korean edition is published by arrangement with Beltz Verlag
through BC Agency, Seoul

더 현명한 하루를 위한 100가지 심리 법칙

작고 똑똑한 심리책

야나 니키틴, 마리 헤네케 엮음 한윤진 옮김

웅진 지식하우스

나는 얼마나
합리적인 사람일까?

사람의 행동, 감정, 사고의 이유는 겉으로 보이는 것보다 훨씬 복합적인 경우가 대부분이다. 장기 기증 같은 인생의 중대사가 진심 어린 확신이 아니라 사실은 매우 사소한 것에 의해 결정된다면 어떻겠는가? 자, 당신 앞에는 장기 기증에 대한 두 가지 양식이 있다. 첫 번째 양식에는 "장기 기증을 하겠습니까?"라고 되어 있고, 두 번째 양식에는 "장기 기증을 하지 않겠습니까?"라고 되어 있다. 이 짧은 문구의 차이가 미치는 여파는 생각보다 크다. 적극적으로 선택해야 할 때보다 적극적으로 선택하지 않아도 될 때 사람들의 기증 의향이 더 높은 것으로 나타난 것이다. 하지만 응답자들은 신중하게 고민한 끝에 내린 결정이라고 생각할 것이다. 이처럼 인간의 심리 작용은 일상에서뿐만 아니라 인생의 중요한 결정에까지 영향을 미친다.

여자 이름을 가진 허리케인일수록 사상자가 더 많이 나온다는 사실에 대해 들어본 적이 있는가? 친환경 제품을 구매하면 비윤리적인 행동을 더 쉽게 할 수 있다거나, 빨간 유니폼을 입은 축구팀이 더 자주 승리한다는 사실은 어떤가? 이 책은 심리학 연구 결과를 여러 생활 분야에 접목해보려는 취지에서 탄생했다. 일상의 다양한 분야에서 깨달음을 주는 심리 법칙들은 당신의 사고 습관을 자극하고, 행동을 되짚어보게 하며, 나와 타인과 세상을 보는 관점을 예리하게 벼릴 수 있도록 도와줄 것이다.

이 책에는 다양한 분야에서 활동하는 심리학자 18인이 소개하는 100가지 심리 함정이 담겨 있다. 이들은 지난 수년간 심리학 연구에서 발견한 놀라운 소식을 취리히대학교 웹사이트에 연재해왔는데, 그중 생활 속 인간의 실제 행동이나 반응이 늘 우리의 상식과 일치하지는 않음을 보여주는 심리적 함정을 선별하였다. 이 책을 통해 절반 정도의 진실과 고정관념이 조금이나마 올바르게 해석되기를 바란다.

이 책에서 소개하는 연구들은 자발적으로 실험에 참여한 많은 참가자들 덕분에 가능했다. 참가자들은 그들이 느낀 감정에 관한 정보를 연구진과 적극적으로 공유했다. 연구실뿐만 아니라 일상생활에서도 관찰의 대상이 되는 것을 허용했고, 뇌 활동 기록을 측정할 수 있도록 동의해주었다. 때로는 불편할 수 있는 많은 순간 속에서도 주어진 과제를 묵묵히 수행했다. 이러한 참가자들의 노고가 있었기에 새롭고 유익한 지식이 탄생할 수 있었다. 따라서 이책은 연구에 참여한 모든 이들을 위한 책이기도 하다. 또한 이토록 구체적인 심리학 연구를 기반으로 한 지식들이니만큼 이 책에서 소개하는 100가지 지식은 일상에서 마주칠 수 있는 100가지 상황에서 보다 현명한 선택을 할 수 있도록 도와줄 것이다.

감정과 기분, 능률과 동기, 도덕과 가치, 사고와 판단, 관계와 소통 중 지금 당신이 가장 관심을 두는 분야는 무엇인가? 원하는 분야를 집중해서 읽고 활용할 수 있도록 주제별로 구분했다. 이 책을 읽는 동안 새로운 심리학 지식이 차곡차곡 쌓이는 유쾌하고 흥미로운 시간이 되기를 바란다.

야나 니키틴, 마리 헤네케

2 똑똑해지는 심리 법칙 : 능률과 동기

3 이상하고 착한 마음들 : 도덕과 가치

5   사회적 동물이 살아가는 법 : 관계와 소통

최선의 행복을 찾아서

:감정과 기분

성격은 평생 간다?

"사람은 제 모습 그대로 남기 마련이야. 옥스로 태어난 사람이 죽을 때 나이팅게일이 될 리가 없으니까." 슈트라우스의 오페라 〈장미의 기사〉에 등장하는 옥스 남작은 이렇게 노래한다. 하지만 정말 그럴까? 지금까지의 성격 연구에 따르면 성인이 된 이후에는 성격이 거의 변하지 않고 유지된다고 한다. 따라서 젊었을 때 외향적이었던 사람은 나이가 들어도 여전히 사교적이고 활동적이며 수다스러울 수 있다.

무엇보다 성격은 우리가 감정을 느끼는 방식에 영향을

미친다. 외향적인 사람은 행복이나 친근감 같은 긍정적인 감정을 잘 느끼는 반면 예민하고 신경증적인 성격을 지닌 사람은 두려움, 긴장, 슬픔을 자주 느낀다. 하지만 우리가 평생 느끼는 감정을 결정하는 것이 성격뿐만은 아니다. 발달심리학자들은 노인들의 경우 자신의 감정을 조절하려는 동기가 매우 강하다는 사실을 발견했다. 노인들은 부정적인 감정을 최대한 줄이고 긍정적인 감정을 극대화시킨다는 것이다.

이런 연구 결과를 바탕으로 미국의 심리학자들은 성격적 특성을 다섯 가지(신경증적 성향, 외향성, 경험에 대한 개방성, 온화함, 성실성)로 구분한 후, 성년이 된 이후 세월이 지나도 이러한 성격적 특성이 정서적 경험에 동일한 영향을 미치는지 조사했다. 평균 22세인 청년 44명과 평균 77세인 노인 60명이 이 연구에 동참했다. 연구진은 먼저 설문조사를 통해 참가자들의 성격적 특성을 기록했다. 그 후 참가자들은 설문에 나열된 30개의 긍정적인 감정과 40개의 부정적인 감정 중, 조사 당일과 일상에서 어떤 감정을 얼마나 자주 느꼈는지 응답했다.

실제로 청년과 노년의 참가자들 사이에는 차이가 있었

다. 신경증적 성향을 제외하면 그 차이는 기실 성격적 특성이 아닌 연령에서 나타났다. 성격적 특성을 나타내는 수치는 노인들이 더 높았음에도 느낀 감정의 차이는 나이에 따라 나뉘었다. 노인은 청년에 비해 긍정적인 감정을 훨씬 더 자주 느낀다고 응답했으며, 부정적인 감정을 느끼는 경우는 적었다. 또한 연구진은 다양한 실험을 통해 나이가 들수록 개개인의 성격이 그 사람이 느끼는 정서적 경험에 미치는 영향력이 미미하다는 것을 밝혀냈다. 특히 노년기에 겪는 부정적인 감정은 성격적 특성과는 관련이 거의 없었다.

심리학적 연구 결과에 따르면 성년이 된 이후부터는 개개인의 성격이 변하지 않고 유지될지라도, 감정을 느끼는 데 성격이 미치는 영향력은 나이가 들수록 감소한다. 젊었을 때 자주 불안해하고 초조해하고 우울해하던 사람도 나이가 들면 긍정적인 감정을 자주 느끼며 행복하고 충만한 삶을 살 가능성이 충분하다는 뜻이다.

먹는 게 낙이라면
삶을 돌아봐라

직장에서 받은 스트레스를 풀기 위해서, 이별을 견디기 위해서 사람들은 초콜릿이나 감자칩에 손을 뻗는다. 하지만 우리가 이렇게 고칼로리 섭취로 대응하려는 것은 외부에서 오는 스트레스뿐만이 아니다. 우리가 스스로 세웠지만 우리를 행복하지 못하게 하는 목표를 달성하려 애쓸 때 생기는 스트레스도 있다.

사람마다 자신이 원하는 삶의 방식이 있기 마련이다. 자신의 한계를 뛰어넘으며 세상을 이끌고 싶어 하는 사람이 있는 반면 친구들과 대등한 관계로 함께 어울릴 때 가장 편안해하는 사람도 있다. 그럼에도 불구하고 살다 보면 타인이 리더의 역할을 맡아 그를 따라야 하는 상황이 생길 수 있다. 내가 가장 좋아하는 것과 나를 가장 만족스럽게 하는 것들은 주로 어린 시절에 형성되는데, 그 이후에 내가 스스로 세운 인생 목표가 그러한 취향과 일치하지 않을 때가 있다. 우리는 때때로 가족이 주는 아늑함을 가장 중시하면서도 직장에서 뛰어난 성과를 올리기 위해 초과 근무를 마다하지 않거나, 혼자 놀기를 좋아하면서도 지루한 친구 관계를 유지하고 관리한다.

어떠한 이유로든 나의 정서적인 성향을 만족시키지 못하는 목표를 좇다 보면 기분이 나빠지고 좌절하게 된다. 그럼에도 불구하고 그 목표를 바꿀 수도 없고 바꿀 마음도 없다면 스트레스에 대처할 다른 방법을 찾아야 할 것이다. 그 방법 중 하나가 바로 스트레스성 폭식이다. 스트레스를 받을 때마다 뭔가를 과도하게 먹게 되는 것은 내가 정말로 원하는 것을 억제하고 외면하는 데서 오는 부정적인 감정에 의한 결과라고 할 수 있다.

어린 시절에 형성된 취향과 지금 우리가 세운 목표가 자꾸만 서로 부딪친다면 우리는 폭식뿐만 아니라 약물 복용으로 부정적인 감정을 해소하려 할 수도 있고, 신체적인 고통을 느낄 수도 있다. 그러므로 목표를 세울 때는 어느 정도는 정서적 측면도 충족시킬 수 있어야 한다. 그러한 선택권이 없다면 적어도 만족하지도 못할 목표에 지나칠 정도로 큰 의미를 부여하지 말자.

은유는 현실이 된다

따뜻한 말투의 온도는 몇 도나 될까? 외로움이 당신을 얼어붙게 하지는 않는가? '내 뱃속을 살랑이는 나비_{싱숭생숭한 마음-옮긴이}'는 도대체 어디로 날아가는 걸까? 마음의 상태를 보여주는 이러한 이미지들은 그저 일상의 시詩적 비유에 불과한 걸까?

심리학자들은 머릿속 관념이 신체에 나타나는 현상을 '체화된 인지_{embodied cognition}'라고 부른다. 이를테면 한 연구에서는 따뜻한 차를 마시는 사람이 차가운 차를 마시는 사람보다 성품이 따뜻하다(관대하고 배려심이 많다)는 평가를 받았다.

또 다른 어떤 실험에서는, 사회로부터 거절당한 후 체감하는 실내 온도를 조사했다. 참가자들 중 1그룹은 과거에 거절당했거나 소외당했던 경험을 떠올렸고, 2그룹은 소속감을 느낀 경험을 떠올렸다. 2그룹은 1그룹에 비해 방 안의 실내 온도를 훨씬 따뜻하게 인식했다. 또 다른 연구에서 참가자는 가상의 접속자와 공놀이를 하는 컴퓨터 게임을 했다. 시간이 흘러 접속해서 함께 놀던 유저들이 하나둘 사라졌고, 결국 참가자는 더는 공놀이를 할 수 없게 되었다. 소외되었다는 기분에 사로잡힌 참가자는 비교 집단에 비해 실내 온도를 더 서늘하게 느꼈고, 차가운 음식보다 따뜻한 음식을 선호했다. 따뜻한 음식이 사회적 냉기를 보상해준다고 생각한 건 아닐까.

이로써 심리학자들은 '얼음장 같은 시선'과 같은 은유가 단순 언어적 표현에 그치지 않고 사람들이 실제로 주변에서 느끼는 현상을 설명한다는 것을 입증할 수 있었다. 신체 감각과 감정의 연관성은 아마도 어린 시절에 체험한 경험을 통해 형성되었을 것으로 추정된다. 예컨대 소속감은 어린 시절의 추억 중 엄마의 포옹이 주는 온기나 좋아하던

쌀푸딩_{Milchreise, 독일의 디저트 — 옮긴이}의 향기와 함께 떠오른다. 반면 외로움은 종종 신체적 거부 증세와 함께 나타나므로 실제로 물리적 냉기가 느껴지기도 한다.

이러한 종류의 냉기는 소외감을 불러일으키고, 인생에서 긍정적이고 중요한 무언가를 상실한 것만 같은 기분이 들게 한다. 불현듯 마음에 가벼운 우울감이 스며든다면 후끈한 사우나, 따뜻한 차, 속이 뜨끈해지는 닭고기 수프가 도움이 될 수 있다.

돈을 어디에 쓸까? 1
: 물건 사기 VS 여행 가기

누구나 한 번쯤은 갑자기 예상도 못 했던 돈이 생기면 무엇을 할지 상상해본 적이 있을 것이다. 당신은 그 돈으로 값비싼 시계를 사야 할지, 근사한 여행을 예약해야 할지 심각한 고민에 빠질 것이다. 이런 상황에서는 무엇을 해야 더 즐거울까?

물론 고가의 시계를 사면 예전부터 동경했던 해외 여행지에서 보내는 꿈만 같은 2주간의 휴가보다는 더 오래 남는다. 여행은 잊지 못할 경험을 할 수 있지만 순식간에 끝나버린다. 그런데도 여행에 자꾸 끌리는가? 심리학자 리프

반 보벤Leaf van Boven과 토머스 길로비치Thomas Gilovich는 물질적인 재화(옷, 귀금속, 아름다운 가구)와 잊을 수 없는 경험(여행, 콘서트, 근사한 레스토랑 방문) 중 무엇이 더 우리를 행복하게 해주는지 알아보기로 했다.

두 심리학자는 실험 참가자들에게 경험에 돈을 지출할 때와 특정 재화를 구매할 때 각각이 삶의 행복 지수에 미친 영향을 평가해달라고 요청했다. 경험에 돈을 지출한 경우는 대부분이 입장료와 여행 비용이었고, 재화를 구매했을 때는 주로 보석, 의류, 첨단 장비를 샀다. 응답자의 대다수가 경험에 돈을 쓸 때(57퍼센트) 물건을 살 때(34퍼센트)보다 더 큰 행복감을 느꼈다고 대답했다. 그러나 저소득층에서는 이런 차이가 나타나지 않았다. 이런 결과는 우선 기본적인 물질적 필요가 충족되어야 성립되는 것으로 보인다. 또 다른 실험에서는 사람들이 뭔가를 샀을 때보다 경험에 돈을 썼을 때 당시의 기억을 더 자주 떠올린다는 것을 알아냈다. 왜 값비싼 물건을 구매할 때보다 경험에 돈을 쓸 때 더 행복해지는 걸까?

경험이란 나 자신의 일부이므로 정체성에 중요한 의미를 부여한다. 하지만 단순히 물건을 소유할 때는 적용되지 않는다. 아름다운 추억을 회상하면 그 경험들이 자신의 일부로 남아 각자만의 고유한 과거가 된다. 또한 다른 사람들이 그 경험에 직접적으로 동참하지 않았더라도, 내가 그 추억을 전하는 과정에서 함께 공유하는 것이 가능하다. 반면 물질적인 소유는 우리를 타인과 이어주지 않는다. 단순히 그러한 화제로는 그리 흥미진진한 대화를 나누기 힘들다.

돈을 어디에 쓸까? 2
: 나에게 쓰기 VS 남에게 쓰기

무조건 돈이 있다고 항상 행복한 것은 아니지만, 적어도 마음을 안정시켜준다. 하지만 기본적인 욕구가 충족되고, 걱정 근심 없는 삶을 사는 데 필요한 기본 소비가 보장되면 돈이 있다고 마냥 행복해지는 것은 아니다.

하버드대학교의 연구진은 돈을 나에게 쓸 때와 남에게 쓸 때 느끼는 행복의 차이를 세계 각국별로 조사했다. 연구 참가자들 중 첫 번째 그룹은 자신을 위해 돈을 쓴 경험을, 두 번째 그룹은 타인을 위해 돈을 쓴 경험을 떠올리게 하고, 그들의 기분을 조사했다. 그러자 타인을 위해 소비한 사람이 자신을 위해 돈을 쓴 사람보다 훨씬 행복한 감정을 보이는 것으로 나타났다. 이 실험은 여러 다양한 문화권별로 시행되었다. 그중에서도 우간다, 캐나다, 인도의 결과는 동일했다. 타인에게 무언가를 선물한 경험을 떠올리는 것만으로도 사람들은 행복하다는 감정을 느꼈다.

연구진은 또 다른 실험을 진행했다. 이번에는 캐나다와 남아프리카의 대학생들을 상대로 동일한 실험을 진행했다. 20명 이상의 참가자들에게 소정의 돈(2.5달러)을 지급한 뒤 그것을 사탕 한 봉지를 사는 데 쓰라고 요청했다. 참가자의 절반에게는 자기가 먹을 사탕을, 나머지에게는 소아 병동에 있는 소아 환자들을 위한 사탕을 사라고 권고했다. 사탕을 사지 않고 돈을 전부 가지는 선택지도 있었다. 그러나 아픈 환우들을 위해 사탕을 사라고 권고받았던 100명 중 돈을 쓰지 않고 전부 자신이 챙긴 사람은 불과 7명이었다. 반면 자기가 먹을 사탕을 사라고 요청받았던 참가자 100명 중에서는 28명이었다. 캐나다와 남아프리카 두 나라 모두 아픈 아이를 위해 사탕을 사기로 결심한 사람들이 자기가 먹을 사탕을 구입한 사람들보다 훨씬 더 큰 행복감을 느꼈다.

타인에게 선물할 때 느끼는 행복이 자신을 위한 물건을 살 때보다 더 크다. 우리를 행복하게 하는 감정은 가난한 나라든 부자 나라든 상관이 없으며, 문화권별 차이와도 무관하다.

아마존을 떠도는 불안감

　남편과 이혼소송 중이던 실라 벨루시Sheila Bellush는 여동생에게 행여나 자신에게 무슨 일이 생기면 빠짐없이 기록해 두었다가 책으로 내달라고 부탁했다. 그로부터 얼마 지나지 않아 네 아이의 엄마인 벨루시는 전남편이 고용한 살인청부업자의 총에 피살됐다. 그녀의 실화가 담긴 『당신이 앗아간 모든 숨결Every Breath You Take』은 수백만 부가 팔려나갔다. 이런 책을 읽는 사람은 누구일까? 그리고 이 책을 선택한 이유는 무엇일까?

　일리노이주의 심리학자들은 아마존 사이트에서 리뷰와

댓글을 찾아보았다. 실화를 바탕으로 한 이 공포물은 확실히 남성(30퍼센트)보다 여성(70퍼센트)의 입소문을 탔다. 그런 뒤 연구진은 수백의 남성 독자와 여성 독자를 상대로 실화를 바탕으로 한 살인 사건과 실화를 바탕으로 한 전쟁 이야기 중 어떤 책을 구입할 것인지 질문했다. 여성은 77퍼센트가 살인 사건을 다룬 책을 선택했지만 남성이 두 주제에 보이는 관심은 동일했다. 여성 독자들은 왜 하필 끔찍한 실화가 담긴 이야기에 남성 독자들보다 더 매료되는 것일까?

여성은 남성에 비해 폭력 범죄의 희생자가 되는 것에 더 큰 공포를 느낀다. 심리학자들은 이러한 두려움 때문에 여성들이 실화를 찾아보며 행여나 그런 참혹한 운명과 마주쳤을 때 빠져나갈 정보를 찾는 것이라고 보았다. 설문조사에서도 여성들은 탈출 방법이 자세히 나오지 않은 책(29퍼센트)보다 탈출 방법이 묘사된 책(71퍼센트)을 선호했다. 또한 살인자의 심리가 묘사되지 않은 책(35퍼센트)보다 상세히 설명하고 있는 책(65퍼센트)을 선택했으며, 범죄의 희생양이 남자인 책(41퍼센트)보다 여자인 책(59퍼센트)을 선호했다. 남성들의 경우 책을 선택할 때 차이가 아예 없거나 있어도 매우 미미했다.

여자들이 살인 소설을 읽는 것은 남자들보다 피에 굶주려 있기 때문이 아니다. 위험한 상황이 닥쳤을 때 올바르게 대처하는 데 도움이 될 만한 정보를 얻기 위해서다. 이런 책을 읽는 동안 강력 범죄에 대한 여성의 두려움은 배로 늘어나지만, 역설적이게도 통계적 수치로만 보자면 이런 책을 읽지 않는 남성들이 희생자가 될 위험성이 훨씬 크다.

007

왜 기분 나쁜 영화를 볼까?

행복하고 싶은가, 불행하고 싶은가? 정말 터무니없는 질문이 아닐 수 없다! 당연히 긍정적인 감정을 추구하고 부정적인 감정은 최대한 피하려는 것이 인지상정이다. 그런데도 어째서 우리는 에릭 클랩튼Eric Clapton이 부르는 〈티어스 인 헤븐Tears In Heaven〉을 흥얼거리고, 소름이 쫙 돋는 〈엑소시스트〉를 보기 위해 기꺼이 지갑을 여는 걸까?

굳이 부정적 감정을 체험하려는 것은 '긍정적이고 향락적인 감정을 피하려는 동기contrahedonic motivation' 때문이다. 때로는 타인과의 관계에서 다소 불편함을 감수하더라도 부정적인 감정을 느껴보는 것이 중요할 수 있다. 이는 자신의 권리나 이익을 지켜야 하는 문제로 타인과 분쟁이 생겼을 때나 분노를 표출할 때 유용하다. 이때 우리를 움직이는 동기는 '긍정적이고 향락적인 감정을 추구하는 동기prohedonic motivation'의 반대편에 서 있다. 긍정적이고 향락적인 감정을 추구하는 동기의 목적은 긍정적인 감정을 체험하고 부정적인 감정을 회피하면서 최대한 좋은 감정을 유지하는 데 있다.

베를린 막스 플랑크 연구소의 미하엘라 리디거Michaela Riediger 연구팀은 이처럼 상반된 두 동기의 작용이 연령별로 어떤 차이를 보이는지 연구했다. 보편적으로 사람이 느끼는 정서적 행복은 연령별로 바뀐다. 청소년과 청년은 감정의 혼란을 겪는 경향이 있으므로 종종 부정적인 기분을 느끼는 반면 노년층은 감정이 안정적인 편이며 대체로 편안함을 자주 느낀다. 이렇게 서로 다른 감정 상태가 특정 감정을 일으키거나 억제하려는 의지에도 영향을 미치는 걸까? 아니면 의지와는 상관없이 특정 감정을 일으키는 행동 패턴 때문에 그 감정 상태에 이르는 걸까?

이 질문에 대한 답을 찾기 위해 연구팀은 14~86세의 실험 참가자들 400명에게 매일 휴대폰으로 전화를 걸어 그 날의 기분을 조사했다. 참가자들은 당시의 기분을 그대로 유지할 것인지 아니면 더 나은 또는 더 나쁜 방향으로 변화시킬 의향이 있는지 대답했다.

예상대로 부정적인 감정을 증폭시키려는 의지는 유독 청년층에게서 두드러졌다. 반면 노인층은 말할 것도 없이 항상 긍정적인 감정을 그대로 유지하고 최대한 부정적인 감정 상태를 피하려는 경향을 보였다. 질문 시점에 따른 감정 상태에 대해서는 연령별 차이가 없는 것으로 나타났다.

확실히 노년층은 긍정적인 감정 상태를, 청소년과 청년층은 부정적인 감정 상태를 유도하는 데 적극적이었다. 리디거와 연구진에 따르면 노인은 청년에 비해 삶의 유한함을 제대로 깨닫고 있었다. 그러므로 노인은 자신의 남은 인생을 가능한 한 아름다운 경험과 긍정적인 감정으로 채우려는 동기가 강하게 나타났다.

반면 청년층이 추구하는 정서적 목표는 그와 다소 차이가 있었다. 감정의 경계선을 설정하고 정서적 독립을 달성하며 그것을 통해 자신의 정체성을 구축하려고 했다. 부정

적인 감정이 그리 기분을 좋지 않게 만드는 건 사실이지만
확실히 정서적 단련에는 도움이 된다.

008

부끄러울 땐 파운데이션!

난처한 상황과 마주하면 누구나 곧장 쥐구멍에 숨고 싶고 당장 그곳에서 도망치고 싶어 한다. 그리고 어떻게든 '부끄러워진 낯'을 회복하고 상대에게 긍정적인 이미지를 다시 심어주려고 한다. 쥐구멍에 '숨고 싶고' 낯이 '부끄럽다'는 관용구들 속에 담긴 심리학적 관점은 무엇일까?

심리학자들은 사람들이 민망한 일을 겪고 나면 자신을 용서하고 체면을 세우는 데 도움이 되는 대상에 관심을 보일 것이라고 가정했다. 이를 알아보기 위해 진행된 실험에서 참가자들은 두 그룹으로 나뉘어 종이에 서로 다른 것을 적었다. 1그룹은 과거에 실제로 겪었던 창피한 경험을, 2그룹은 전형적인 하루 일과를 기술했다. 곧이어 참가자 전원은 주어진 여러 가지 제품들을 평가했다. 제품들 중에는 선글라스처럼 얼굴을 가리는 물건도 포함되어 있었는데, 과거의 창피했던 일을 적었던 1그룹 참가자들은 얼굴을 가리는 제품을 선호했고 구매를 원하기도 했다. 이들은 특히 커다랗고 어두운 색의 선글라스를 선호했다. 일상을 적었던 2그룹은 선글라스에 대한 관심이 그리 크지 않았다.

그렇다면 이처럼 뭔가를 '감추게 하는' 상품들은, 부끄러움을 감추고 최대한 자연스러운 모습으로 타인을 대하고 싶을 때 도움이 되는 걸까? 이어진 연구에서는 참가자들에게 난처한 경험 또는 전형적인 일상 중 하나를 골라 적도록 했다. 그리고 이번에는 제품 평가 단계에서 참가자들 중 일부에게 선글라스를 직접 착용하거나 파운데이션을 바르도록 요청했다.

실험 종료 후, 참가자들은 타인과 함께하는 활동(친구와 함께 식사하기)과 혼자 하는 활동(러닝머신에서 달리기) 중에서 무엇을 하고 싶은지 발표했다. 과거 난처한 경험이 있었다고 적은 참가자들 중 선글라스를 착용하거나 파운데이션을 사용한 참가자들은, 사용하지 않은 참가자들보다 사회 활동에 더 큰 관심을 보였다. 특히 파운데이션의 효과가 매우 인상적이었다.

상징적인 행동의 힘은 곤란한 상황에 대처할 때 항상 유용하다. 우리 행동이 날마다 사용하는 언어적 은유와 밀접한 관계가 있는 만큼 곧 체면 손상용 파운데이션이 시장에 출시된다고 해도 별로 놀랍지 않을 것이다.

009

효과적으로 긍정하는 법

지금 기분이 별로인가? 그렇다면 당장 거울로 가서 미소를 지은 채 자신을 바라보며 큰 소리로 이렇게 외쳐보자. "난 충분히 사랑받을 자격이 있다!" "난 아름답다!"

자기계발서의 저자들이 우리의 기분을 나아지게 해주는 비법이라고 알려주는 내용들 중에는 다소 과학적인 근거가 불충분한 것들이 있다. 워털루대학교와 뉴브런즈윅대학교의 연구팀은 이러한 '자기 가치 확인self affirmation'이 정말 효과가 있는지, 오히려 자신에게 해로울 수 있는지 알아보기로 했다.

연구진은 세 가지 종류의 실험을 진행했다. 먼저, 참가자들이 실제로 긍정적인 내용의 혼잣말을 쓰곤 하는지, 한다면 주로 언제 하는지 면밀히 조사했다. 응답자들은 특히 시험과 발표를 앞뒀을 때, 그리고 부정적인 사건을 겪은 후에 자신을 격려한다고 답했다. 이어서 연구진은 두 번째 실험을 진행했다. 유독 자기 가치가 높거나 낮은 사람이 자기계발서에 흔히 등장하는 말인 "난 사랑받을 만한 사람이야"라고 말하면 무슨 일이 벌어지는지 조사하려는 목적이었다.

결과는 어땠을까. 자기 가치가 낮은 사람이 긍정적인 내용의 혼잣말을 하면 강한 영향을 받는 것으로 나타났다. 그 말을 내뱉는 순간 전보다 기분이 더 나빠졌던 것이다! 전혀 기분이 나아지지 않았고 자신에 대한 생각이 조금도 좋아지지 않았다. 자기 가치가 높은 사람은 기분이 좋아지고 자존감이 상승하는 효과가 있긴 했지만 그 변화는 미미했다.

이런 결과가 나온 이유 중 하나는 "나는 사랑받을 만한 사람이야"라는 말이 자기 가치가 낮은 사람에게 그에 대한 근거를 찾으라는 압박처럼 느껴졌기 때문이다. 설상가상으로 그렇지 않은 이유들만 떠오른다면 기분은 수직으로 곤두박질칠 수밖에 없다. 세 번째 실험에서는 몇몇 참가자들에게 그 말이 과연 타당한지 부당한지를 생각해보라고 요청했다. 타당한 쪽이든 부당한 쪽이든 생각의 방향은 자유였다. 그러한 요청을 받았던 참가자들은 긍정적인 면에만 집중했던 참가자들보다 훨씬 기분이 더 좋은 것으로 나타났다.

여러 자기계발서의 조언과 정반대로 나타난 결과였지만 미국의 심리학자들은 그리 놀라워하지 않았다. 다른 연구 분야의 결과와도 일맥상통했기 때문이다. 예컨대 행동변화 연구에서는 특정 메시지가 자기의 행동과 비슷할 때가 전혀 일치하지 않을 때보다 훨씬 더 설득력이 있음을 입증했다. 특히 자신과 전혀 일치하지 않는 메시지에는 오히려 격렬하게 부정하는 반응을 확인했다. 따라서 혼잣말로 긍정적인 말을 한다면 그것은 스스로 확신을 얻으려는 시도라고 이해할 수 있다. 그리고 그 내용이 그 사람의 사고방식과 일치할수록 효과가 배로 늘어난다.

다소 확신이 부족한 사람이라면 모든 것을 포괄하는 두루뭉술한 말보다는 '적당히' 긍정적인 메시지를 고수하라.

이를테면 "나는 관대한 사람이야"라는 말보다는 "난 멋진
선물을 고를 줄 아는 사람이지"라는 말이 더 좋다.

010

돈과 자유와 행복

싱가포르처럼 부유하지만 자유가 비교적 제한적인 나라
의 국민과, 그리스처럼 보다 자유롭지만 재정적으로 넉넉
하지 않은 나라의 국민 중 어느 쪽이 더 행복할까? 이에 호
기심을 보인 두 명의 뉴질랜드 심리학자는 총 63개국에서
취합한 수백 건에 이르는 방대한 연구와 총 42만 명의 자
료를 토대로 그 결과를 심층 비교했다. 각 나라의 국민들
이 느끼는 행복의 척도를 분석한 그들은 개인의 자율성이
사회의 번영보다 더 중요하다는 결론을 내렸다. 얼마나 부
유한지와는 별개로 원하는 삶을 자유롭게 결정할 수 있는

사회가 훨씬 낮다는 것이다.

그렇다고 꼭 국가 재정과 행복이 서로 아무 상관도 없다고 하기는 어렵다. 국가가 부유할수록 국민의 주권도 커지기 마련이고, 그것이 또다시 행복의 증대로 표출되기 때문이다. 나라에 돈이 많다고 사람이 행복해지는 것은 아니지만, 재정적으로 여유로울수록 큰 행복으로 이어지는 자율성을 더 많이 허락한다.

이미 여러 연구에서 입증한 바와 같이 빈곤한 국가의 경우 소득 증대가 국민의 행복을 크게 개선한다. 하지만 기본적인 정도만 충족되면, 돈으로 삶의 만족도를 개선할 수 있는 부분은 지극히 미미하다. 오히려 매우 부유한 사회의 경우 수입 증대는 부정적인 결과를 낳았다. 이를테면 선택의 폭이 과도하게 넓어지기 때문이다. 결정을 내려야 할 때 무한한 대안을 비교해야 하므로 항상 만족하지 못하고 결정을 후회하는 경우가 빈번하다. 개인주의와 주관적 행복의 관계도 이와 유사하다. 사람들이 원하는 삶을 꾸리는 것이 자유로운 사회의 행복도는 높다. 하지만 과도한 자율성은 소셜 네트워크의 부재, 외로움, 공허함으로 이어질 수 있다.

그러므로 무한한 기회와 자유가 보장된 곳이 모두 낙원은 아니다. 행복한 삶에는 '적당한' 돈과 자유가 필요하다. 무엇이든지 언제나 과유불급임을 마음에 새겨야 한다.

자기 긍정 메시지는 정말 효과가 있을까?

근거 없고 두루뭉술한 긍정 메시지는
역효과를 불러온다.
작은 것이라도 구체적이고
실질적인 장점을 떠올려보자.

011

경험이 독이 될 때

이렇게 가정해보자. 최근에 개봉한 제임스 본드 영화를 보려는데 볼만한 영화인지 확신할 수 없을 때 누구에게 조언을 구할 것인가? 제임스 본드 시리즈에 등장하는 배우와 영화를 모조리 다 외울 정도인 제임스 본드 전문가에게 물어볼 것인가? 아니면 알고 있는 제임스 본드라고는 이 영화가 전부인, 오직 이 영화만 관람한 비전문가에게 물어볼 것인가? 대다수가 비전문가의 의견보다는 경험을 통해 습득한 것이 많은 누군가가 더 나은 조언을 해줄 수 있을 것이라고 기대한다.

하지만 타인의 경험을 자신의 감정에 접목하는 것이 늘 유용하지만은 않다. 제임스 본드 영화의 사례를 조금 더 살펴보자. 매번 폭발과 추격 장면을 반복해서 보다 보면 처음에 느낀 강렬한 인상을 더는 받지 못한다. 그만큼 정서적으로 무뎌지는 것이다. 타인의 반응을 예측할 때 종종 우리는 자신이 둔감해졌다는 사실을 간과하며, 아직 경험이 없는 사람의 정서적 반응을 과소평가한다. 음악, 영화 장면 등이 전부 여기에 해당된다.

에드 오브라이언Ed O'Brien과 그의 동료들은 이러한 예측 오류에 대한 실험을 진행했다. 위험한 오토바이 스턴트 연기자 또는 레이디 가가처럼 매우 도발적인 의상을 입은 팝스타의 사진을 실험에 활용했는데, 실제로 해당 사진을 기존에 접한 적이 있었던 참가자들은 처음 사진을 접한 타인의 반응을 과소평가하는 경향을 보였다. 무엇보다 정서적으로 둔감해진 감수성이 여기에 중요한 영향을 미쳤다.

심리학자들은 영화의 예상 평점 외에도 '예측에 의한 행동'을 다루는 연구를 시행하면서 다양한 사실을 발견했다. 이를테면 사람들은 주변에서 자주 들은 농담은 더 이상 퍼트리지 않는다. 농담을 반복해서 들은 탓에 재미를 잃어버

려서, 즉 정서적으로 둔감해져서 더는 그 농담을 입 밖으로 꺼내지 않게 된 것이다. 또한 심리학자들은 비전문가라도 풍부한 경험이 있으면 더 훌륭한 평가가 가능할 거라고 생각하는 사람들의 기대도 지적했다. 때때로 풍부한 경험은 오히려 독이 되어 타인의 감정과 행동을 공감할 때 더 나은 전문가가 되지 못하도록 발목을 잡기도 한다.

심지어 우리는 자기 자신의 정서적 경험을 예측할 때조차 이러한 예측 오류를 범하는 경향이 있다. 평소 가장 좋아하는 영화를 다시 볼 때마다 예전에 느꼈던 즐거움과 감동이 조금씩 희미해지는 이유도 바로 그 때문이다.

012

감정에 휘둘리지 않는 법

자기 자신을 잘 알면 보다 나은 결정을 내릴 수 있다고 사람들은 생각한다. 딸기 맛이 내가 가장 좋아하는 아이스 크림 맛임을 확신하는 사람은 진열대 앞에서 아이스크림을 고를 때마다 항상 만족스러운 미소를 머금는다. 하지만 매사가 디저트를 고르는 일처럼 단순하지만은 않다. 특히 그 결정으로 생길 결과를 제대로 파악하기가 어렵다면 더더욱 그럴 것이다.

자신의 감정을 제대로 파악하고 이해할 수 있으면, 결정을 내릴 때 감정이 미치는 영향을 제대로 인식하여 보다

합리적인 결정을 내릴 수 있다. 예일대학교의 연구진은 자기의 감정을 잘 파악하는 사람은 결정과 관련 없는 감정에 잘 휘둘리지 않을 것이라고 생각했다. 한 실험에서 연구진은 참가자들 일부에게 60초의 시간을 주며 3분짜리 발표를 준비하라고 요청했다. 대다수의 사람들은 앞에 나와서 발표할 때 가장 긴장을 많이 하므로 무엇보다 참가자들의 두려움을 유도하기 위해 이 과제를 채택한 것이다. 또 다른 일부 참가자들은 60초 동안 쇼핑 목록을 작성했다. 그 후 모든 참가자들은 몇 가지 의사결정을 해야 하는 과제를 수행했다.

두려움이 큰 사람일수록 결정의 순간이 왔을 때 최대한 위험성이 낮은 선택지를 고른다는 사실은 그리 놀랍지 않다. 하지만 흥미롭게도 의사결정을 할 때 정서 지능이 높은 사람마저 주어진 과제와 아무 관련 없는 불안이라는 감정을 온전히 배제하지 못했다. 연구진은 참가자들이 감정의 개별 구성 요소를 올바르게 분류하는지 파악하기 위한 목적으로 설문조사에 정서 지능을 활용했다.

또한 연구진은 두 번째 실험을 통해 참가자들이 의사결정 과제를 수행할 때 발표 준비로 생긴 긴장감이 얼마나 영향을 미치는지 조사했다. 그리고 위험을 감수하려는 각오로 감정을 직시하고 감정의 영향력을 통제하려고 노력하면, 의사결정을 할 때 감정의 영향을 덜 받는다는 것을 알아냈다. 스스로 깨달았든 타인이 알려주었든 내 감정의 근원을 아는 것은 의사결정을 내려야 하는 순간 관련 없는 감정에 휘둘리지 않도록 막아준다.

　어쩌면 우리가 중요한 결정을 단 하루 만에 쉽사리 내리지 못하는 것도 전부 그런 맥락일 것이다. 특히 자신의 감정을 제대로 분류하는 데 능숙하지 못하다면 그 순간의 지배적인 기분이 결정을 좌우하기 마련이다. 그러므로 중요한 결정을 해야 할 때는 일단 하룻밤을 보내며 감정과 거리를 두는 것이 도움이 될 수 있다.

013

행복을 음식처럼

행복은 음식과 비슷하다. 어떻게든 먹어야 생명을 유지할 수 있듯이 제대로 된 삶을 살기 위해서는 행복하다는 감정이 꼭 필요하다. 하지만 너무 많이 먹거나, 해로운 음식을 먹거나, 적절하지 못한 시간에 먹으면 건강을 해치듯이 행복이라는 감정도 무조건 유익하다고는 할 수 없다.

사람은 적절하지 못한 순간에, 잘못된 이유로 행복을 느끼기도 한다. 매사에 매우 긍정적이기만 한 사람들은 두려움이나 수치심처럼 이질감이 느껴지는 낯선 감정은 종종 무시해버리는 경향이 있어서 위험천만하고 반사회적인 행동조차 거리낌 없이 하기도 한다. 어떤 문제를 해결한 뒤에도 그로 인한 손실을 처리하거나 다음에 생길 수 있는 위험을 방지해야 하므로 이럴 때 마냥 쾌활하기만 한 태도는 문제가 될 수 있다. 그런 태도는 자칫 우리의 사고를 단순화하여 상황을 자기비판적 태도로 되짚어보기보다 경솔한 속단을 내리게 만든다.

행복해지고 싶은 욕구가 클수록 지금 느끼는 행복과 원하는 행복의 틈은 벌어진다. 자신이 생각하는 행복에서 아주 멀리 떨어져 있는 것 같다는 결론을 내리는 순간 우리는 불행이라는 감정에 잠식된다. 눈앞의 행복이 손에 잡힐 것 같을수록 상태는 더 심해진다. 심각한 손실이나 질병처럼 자신이 불행하다고 느낄 만한 객관적인 이유가 전혀 없는 경우, 우리는 불행의 책임을 자신에게서 찾는다. 행복을 느끼지 못한다며 종종 잘못된 행동을 하기도 하는데, 그것은 또다시 우리를 불행하게 만든다.

특히 무작정 행복을 좇으면 오직 자신만 생각하게 된다. 그러다 보면 사회 참여도 줄어들고 결국 늘어나는 것은 외로움뿐이다. 그저 행복하고 싶었던 확고한 소망이 고립과 소외로 끝나는 것이다. 이런 일이 드물지 않게 일어난다.

역설적이게도 긍정적, 부정적 감정 전부가 인생의 일환임을 겸허히 수용한 사람이 애써 불편한 감정을 피하려는 사람보다 자신의 삶에 훨씬 만족했다. 또한 지금 이 순간 관심 분야의 활동을 적극적으로 하는 사람들이 항상 손에 잡히지 않는 행복을 좇으려 애쓰는 사람들보다 훨씬 행복했다. 행복하고 싶은가? 집착을 버릴수록 우리는 행복해진다.

✿

014

월요병은 있다

　월요일 새벽 6시 반, 알람이 시끄럽게 울려댄다. 월요일 아침마다 느끼는 이 암울한 기분을 모르는 사람이 어디 있을까? 이런 기분은 일요일 저녁부터 시작됐을 수 있다. 뱅글스The Bangles가 부르는 〈매닉 먼데이Manic Monday〉의 가사처럼 "또다시 월요병Just another manic Monday"이 도진 것이다. 제발 다시 주말이 되었으면 하는 간절한 마음뿐이지만 그들을 기다리는 건 앞으로 5일간 이어지는 근무일의 연속이다. 월요일 아침이 되면 많은 사람들이 매우 불행한 기분에 빠져 허우적거린다. 아마 누구나 겪는 일반적인 우울증일 것이다…… 그렇지 않은가!

두 차례에 걸쳐 진행된 의학 연구에서 사망자의 사망 원인과 한 주간의 일과를 조사했다. 일본의 연구팀은 시간 경과에 따른 자살률을 눈여겨보았고, 헝가리의 연구팀은 심장마비 빈도를 조사했다. 2009년 경제협력개발기구(OECD)에서 발표한 자료에 따르면 전 세계에서 한국, 러시아, 헝가리, 일본의 자살률이 가장 높았다. 일본의 자살 통계 자료에 따르면, 자살한 일본 남성 대부분이 월요일에 스스로 목숨을 끊었다. 이어 주중에는 자살 확률이 점점 감소하다가 토요일에 가장 낮았다. 심장마비 역시 그와 동일한 추이를 보였다. 발병 가능성은 월요일이 가장 높았고 한 주가 흘러갈수록 점차 감소했다.

월요일은 한 주가 새로 시작되는 날이라 개개인이 느끼는 나약함이나 고립감이 커져 스트레스 지수가 가장 높다. 휴무일에서 근무일로 바뀌면서 생기는 스트레스 탓이라고 추측해볼 수도 있다. 매년 부활절 이튿날이 국경일인 헝가리의 '부활절 월요일'에는 비록 월요일이더라도 토요일, 일요일 또는 다른 공휴일만큼이나 심장마비 발병률이 낮았다는 사실이 이를 뒷받침한다.

그러니 어떻게 할 것인가? 하나님, 알라, 부처님, 크리슈나 아니면 적어도 뱅글스가 곁에서 우리를 보살필 것이다. 어쨌거나 월요병에 빠져 우울한 건 나 혼자가 아니니 말이다.

015

웃는 사람이 더 오래 산다

긍정적인 감정은 확실히 우리 삶을 더 아름답게 만든다. 하지만 수명까지 늘어나게 할까? 이 질문의 답을 찾기 위해 미국 심리학자 어니스트 아벨Ernest Abel과 마이클 크루거 Michael Kruger는 특별한 방식을 선택했다. 두 심리학자는 1952년 미국 야구협회에 등록된 야구선수 230명의 사진을 분석했다.

이들은 세 명의 심사위원을 선별하여 사진 속 야구선수들이 얼마나 활짝 웃고 있는지 평가하게 했다. 사진 속 인물의 얼굴 표정은 '전혀 웃지 않음', '살짝 웃음', '활짝 웃음' 등 세 가지 범주로 분류했다. 왜곡된 평가를 방지하기 위해 심사위원 중 두 명은 임의로 선발했다. 다시 말해 두 사람은 그들이 내린 평가가 무슨 목적으로 쓰이는지 전혀 알지 못했다. 이렇게 수집한 평가 정보는 선수의 수명에 영향을 미치는 많은 데이터가 저장된 데이터베이스에 추가로 입력되었다. 그 데이터베이스에는 출생 연도, 체질량 지수(BMI), 선수활동 기간(체력 및 성과의 척도), 결혼 여부, 교육 수준(대학 졸업 여부)에 관한 정보가 포함되어 있었다.

연구진은 가용 데이터를 바탕으로 선수의 수명을 예측하는 통계 모델을 완성했다. 이 모델에 따르면 '전혀 웃지 않음' 범주에 해당되는 선수들의 평균 수명은 72.9세였으며 '살짝 웃음'의 경우는 평균 75세, '활짝 웃음' 범주의 선수는 평균 79.9세인 것으로 나타났다. 그중 몇몇 선수들은 데이터를 분석한 2009년에도 생존해 있었다.

이어 심리학자들은 사진을 활용하여 선수의 매력도를 분석하는 흥미로운 후속 연구를 시행했다. 그 결과 또한 수명 예측 모델에 활용하려는 취지였다. 하지만 조사 결과 선수의 매력도는 수명과 전혀 관련이 없는 것으로 나타났다. 어쨌거나 미소를 머금은 야구선수들이 입증한 것처럼

웃음이란 우리에게 유용하고 긍정적인 감정을 주는 것이
확실하다.

016

행복해지고 싶다면
자연으로 가라

"자연은 과민하게 자극된 감각을 진정시키고, 질병에서 회복할 수 있도록 돕고, 스트레스를 해소하고 행복을 느끼게 해주며…… 자연 속에 있으면 심혈관 질환과 암으로 사망할 위험이 감소한다. 그러니 당장 손에 들고 있는 책을 내려놓고 녹음이 우거진 대자연의 품으로 가라!" 이렇게 자연에 긍정적인 효과만 있다는 말을 믿어도 좋을까?

우리가 자연과 가까워질수록 자연에도 유익하다. 신선한 공기를 쐬며 움직이는 사람들일수록 출근길에 자전거를 타고, 환경을 생각하며 재활용 쓰레기 분리수거를 하거나 일회용품 소비를 자제하는 경향이 있기 때문이다. 그런데도 우리는 실제로 자연과 접촉할 수 있는 부분을 제대로 다 누리지 못하고 있다.

어쩌면 우리가 자연이 주는 긍정적인 영향을 과소평가하기 때문일지도 모른다. 퇴근길에 트램tram, 노면전차 ─옮긴이을 탈지 아니면 공원을 가로질러 걸어갈지 결정해야 할 때 우리는 산책이 예민해진 신경을 진정시키고 질 좋은 삶을 누릴 수 있게 해준다는 생각까지는 하지 못한다. 그 대신 조금 더 빠르게 집으로 데려다주는 대중교통을 선호한다.

캐나다 칼턴대학교의 심리학자들은 이러한 사고방식을 바탕으로 두 가지 실험을 시행했다. 연구진은 실험 참가자들에게 교내의 특정 장소로 이동해달라고 요청했다. 첫 번째 그룹은 강변을 따라 난 아름다운 길로 걸어갔다. 두 번째 그룹은 교내 건물 내부 통로를 이용하여 동일한 구간을 이동했다. 참가자들 중 일부는 출발 전에 산책이 얼마나 즐거울지 사전 평가를 했고, 다른 일부는 산책 이후의 감정을 평가했다. 그리고 최종적으로 참가자들 전원에게 자연에서 보낸 시간이 어땠는지 질문했다.

예상대로 강변을 따라 걸어온 참가자들은 건물 복도로

이동한 참가자들보다 훨씬 즐거워했다. 아름다운 풍경을 보며 이동한 그룹은 실내 통로로 이동한 그룹에 비해 자연의 일부가 된 것 같은 긍정적인 기분을 만끽했다. 하지만 사실 출발 전의 예상은 이와 정반대였다. 학생들은 실내 복도를 따라 이동하는 것이 밖에서 걷는 것보다 훨씬 좋을 것이라 생각했던 것이다.

이 실험으로 전하려는 결론은 간단하다. 그냥 자연으로 가라! 생각보다 더 큰 행복을 느낄 수 있을 것이다.

017

나이 들수록 침착해진다?

당신은 아침만 되면 늘 기분이 언짢고, 자주 투덜거리는 사람인가? 버스를 놓치면 짜증이 나는가? 친구가 갑자기 약속을 취소하면 화가 나는가? 저 높은 꼭대기에서 바닥까지 감정이 널뛰는데, 그나마 나이가 들면 조금은 신중해지고 차분해지지 않을까 기대하고 있지는 않은가?

극단적인 기쁨과 슬픔, 분노로 요동치는 감정의 소유자들은 늘 이런 희망을 갖고 산다. 심리학자들은 노인들의 감정 상태가 젊은 사람에 비해 훨씬 안정적이라는 사실을 발견했다. 젊은 사람의 감정과 달리 어느 정도 수평을 유지하며 고점과 저점이 널뛰듯 심하게 요동치지 않는다. 그런 평온한 상태가 되는 이유는 무엇일까? 무엇이 그들을 차분하게 만드는 걸까?

심리학자 아네테 브로즈Annette Brose, 수잔 샤이브Susanne Scheibe, 플로리안 슈미데크Florian Schmidek는 이 질문을 연구하며 젊은이와 노인을 대상으로 그들이 약 100일간 일상에서 겪은 사건을 보고받았다. 더불어 응답자들은 사건이 일어날 때마다 느낀 기분도 상세히 보고해야 했다. 그 과정에서 연구진은 특히 부정적인 사건과 감정에 흥미를 보였다.

연구 결과는 연령별로 생활환경에 차이가 존재함을 보여주었다. 노인들은 전반적으로 부정적인 사건을 마주하는 일이 적었다. 젊은이들에 비해 일상 속에서 화가 나는 일도 많지 않았다. 이는 노인이 경험하는 부정적인 사건의 빈도와 방식이 젊은이들과 다르다는 것을 의미한다. 더 나아가 연구진은 노인의 정서적 동요를 감소시키는 데 주변 환경이 영향을 준다는 점도 입증했다.

즉 젊은이와 노인 사이에 나타나는 정서적 안정의 차이는 일정 부분 두 연령대의 생활환경에 영향을 받는다고 할 수 있다. 그러므로 나이가 든다고 무조건 차분해지는 것은 아니다. 이 연구는 노인이 젊은이보다 자신의 감정을 더 잘 관리한다는 말에 절대 동의하지 않는다. 일상에서 부정적인 감정을 유발하는 일이 적은 편이기 때문에 그렇게 보일 뿐이라는 것이다.

018

내 아이는 나를
행복하게 해줄까?

아이가 있는 가족의 일요일은 평화로운 주말 오후의 산책보다는 감정이 쉴 새 없이 오르락내리락하는 롤러코스터 타기에 가깝다. 자녀들과의 전쟁으로 정신이 없고 아이들의 미래에 대한 걱정이 난무하는 속에서 감사하는 마음 같은 것은 눈곱만큼도 찾기 어렵다.

그러므로 때때로 부모들이 배낭 하나만 짊어지고 여행을 떠나고, 친구들과 조용한 저녁식사를 즐기고, 일요일마다 늦잠을 즐기던 옛 시절의 추억에 잠기는 것도 놀라운 일이 아니다. 친애하는 부모님들이여, 가슴에 손을 얹고 솔직히 말해보라. 지독하게 힘든 순간에는 아이들이 정녕 우리의 행복인지 의심해본 적이 있지 않은가?

미국의 심리학자 캐서린 넬슨Katherine Nelson과 연구팀은 바로 그 점을 확인하고자 대표로 선정된 7천 명과 인터뷰를 진행했다. 각 가정에서 벌어지는 혼란에도 불구하고 자녀를 둔 사람들의 만족도와 행복 지수는 아이가 없는 사람들보다 다소 높은 것으로 나타났다. 특히 연령이 젊은 부모보다는 중년인 부모에게서 이러한 현상이 두드러졌다. 부부의 관계 측면에서는 자녀가 없는 가정도 자녀가 있는 가정과 별반 다르지 않았다.

연구진은 두 번째 실험을 통해 가족의 일상이 어떻게 흐르는지 조사했다. 자녀를 둔 부부와 자녀가 없는 부부에게 일주일 동안 매일 5회씩 그들이 느끼는 행복 지수를 평가하게 했다. 그 결과 자녀가 있는 부모가 더 행복한 것으로 조사됐으나 그 차이는 상대적으로 미미했다. 한부모 가족이어도 아이가 없는 싱글에 비하면 행복 지수가 높은 것으로 조사됐다.

세 번째 실험을 통해 연구진은 부모가 자녀를 돌볼 때와 자녀 없이 활동할 때 중 언제 더 행복한지를 조사했다. 그 결과 자녀가 없는 자유로운 순간보다는 평범한 일상이 긍정적인 감정을 유발하는 것으로 나타났다.

그렇다면 아이를 낳는 것이 진정 행복의 비결인 걸까? 아니면 평균 이상의 행복을 누리는 사람들이 이 세상에서 그 무엇보다 아이를 소중하게 생각하는 사람들인 걸까? 어쨌거나 누군가에게 행복해지고 싶다면 아이를 낳으라고 하는 것은 무책임한 조언이다. 그렇지만 한편으로 이 연구 결과는 적어도 자녀를 저기 달나라로 던져버리고 싶은 마음이 주기적으로 솟구치는 지친 부모들의 마음을 위로해준다.

019

SNS의 심리적 전염 효과

아무리 SNS의 폐해가 심각하다 해도 한 가지만큼은 이를 탓할 수 없다. 예컨대 지독한 독감에 걸린 순간 우리는 타인이 전염되지 않도록 최대한 접촉을 피한다. 그런 상황에서는 사람들과 SNS로 소통하는 수밖에 없다. 이때 감정을 어떻게 주고받는 것이 좋을까?

이 질문의 답을 찾기 위해 미국의 심리학자들은 약 70만 명에 이르는 영어권 페이스북 유저들의 뉴스 피드를 분석했다. 연구진은 날마다 친구들이 업로드한 사진과 최신 상태 업데이트를 보여주는 시작 페이지를 눈여겨보았다. 그리고 먼저, 무작위로 선정된 페이스북 유저를 두 그룹으로 분류했다. 뉴스 피드에 긍정적인 내용의 상태 메시지가 적은 그룹은 '부정 그룹'으로, 부정적인 내용의 상태 메시지가 적은 그룹은 '긍정 그룹'으로 구분하여 분류했다. 유저의 상태 메시지가 긍정적인지 부정적인지는 '언어 분석 및 단어 수 계산 프로그램Linguistic Inquiry and Word Count Software'을 활용하여 파악했다. 이 프로그램을 통해 상태 메시지에 사용된 긍정적인 단어(happy)나 부정적인 단어(angry)를 찾아내 분석하고 분류했다.

상대의 긍정적이거나 부정적인 상태 메시지를 읽은 페이스북 유저는 어떻게 반응할까? 이를 위해 다시 컴퓨터 프로그램을 활용하여 유저들이 사용한 어휘를 분석했다. 연구진의 예상대로 다소 긍정성이 떨어지는 '부정 그룹' 친구의 상태 메시지를 확인한 사람들은 자신의 상태 메시지 창에도 긍정적인 표현보다는 부정적인 표현을 사용했다. 마찬가지로 주로 부정적 내용이 없는 '긍정 그룹' 친구의 상태 메시지를 본 사람들은 부정적인 표현을 사용하기보다 주로 긍정적인 단어를 사용했다.

다시 말해 심리적 전염 효과가 있었던 것이다. 자기 인

생을 불평하는 친구의 페이스북 메시지를 보는 순간 우리
도 이 세상을 더 부정적으로 보게 된다. 반면 친구가 기분
이 좋으면 우리도 그 덕을 톡톡히 본다. 친구의 행복한 상태
메시지는 읽은 사람에게도 그 행복을 전염시키기 때문이
다. 그러나 실험을 통해 객관적으로 확인된 효과는 매우 미
미했다. 연구진의 설정 조작을 통해 다소 덜 부정적인 상태
메시지에 노출된 후 평소보다 긍정적인 표현을 활용한 페
이스북 유저들의 변화치는 고작 0.5퍼센트에 불과했다.

그러므로 친구의 상태 메시지를 보고 내 기분까지 덩달
아 좋아지기를 기대한다거나 페이스북에 쓰인 부정적인
소식에 나까지 심한 우울증에 빠질까 봐 두려워할 필요는
없다.

020

갈망에 대하여

커다란 행복을 떠올렸을 때 벅차오르는, 가슴이 답답하고 아린 느낌……. 이러한 동경은 그저 감상에 불과할까? 아니면 감정에도 특정 기능이 있는 걸까?

작고한 심리학자 폴 발테스Paul B. Baltes와 그의 연구진은 19~81세의 성인 참가자 수백 명을 대상으로 한 광범위한 연구에서 '갈망'의 여섯 가지 특성을 발견했다.

갈망이란 '완벽한 인생'이란 무엇인가에 대한 개념과도 같다. 결코 달성할 수는 없어도 사람마다 그에 대한 각자의 생각이 있다.

내 인생에 없었던 '위대한 사랑'을 찾는 것처럼 갈망은 그 사람의 인생에서 불완전한 면을 건드린다.

갈망은 과거, 현재, 미래 모든 순간에 초점을 맞춘다. 예컨대 먼저 아들을 떠나보낸 아버지는 '현재' 곁에 없고, '앞으로'도 함께할 수 없는 아들을 한없이 그리워한다. 그리고 아들과 함께했던 '예전'으로 돌아갈 수만 있다면 더는 바랄 게 없다고 간절히 소원한다.

갈망은 달콤 씁쓸한 감정으로 가득 차 있다. 달콤함은 인생을 완벽하게 만들 그것, 갈망의 대상에 대한 동경에서 오고, 씁쓸함은 바로 그것을 이루지 못할 거라는 깨달음에서 온다.

갈망은 자신의 인생을 평가하는 역할을 한다. '나는 올바른 길로 가고 있는가?' '내 인생에 부족한 것은 무엇인가?' '나는 어디로 가야 하는가?'

갈망의 대상은 대부분 지금 나와 다른 것을 상징하는 것들이다. 이를테면 갑갑한 일상을 견디는 사람이 독립, 자유, 순수함의 상징인 포르쉐를 갈망하는 것처럼 말이다.

무엇보다 중요한 목표를 설정해야 하는 삶의 어떤 시기에는 이러한 갈망이 도움이 되기도 한다. 하지만 갈망을 활용하려면 먼저 갈망을 통제할 수 있어야 한다. 그 감정에 끌려다니지 말아야 한다. 통제하지 못한 갈망은 우울로 변질될 수 있다.

갈망의 대상은 시간이 흐르면서 바뀌기도 한다. 청년 시절에는 직업적인 성공을 동경하다가, 세월이 흐르면 부부 관계와 자기 발전이 전면에 등장한다. 젊은 사람들의 갈망에 부정적인 감정이 우세하다면 나이가 지긋한 노인들의 갈망은 전반적으로 긍정적인 편이다. 연구진은 그것이 젊은이에 비해 노인이 갈망을 활용하여 인생에 대처하는 법에 능숙하기 때문이라고 말한다.

똑똑해지는 심리 법칙
:능률과 동기

021

흐린 날 일해라

날씨가 화창한 날은 일이 한결 손에 잘 잡힌다. 그렇지 않은가? 정말 그렇게 생각한다면 지금 당신은 최고의 직장에 다니는 것이다. 어느 설문조사에서는 응답자의 80퍼센트가 날씨가 화창한 날이 비가 내리는 날보다 훨씬 생산적이라고 대답했다. 아마 그렇게 대답한 사람들은 날씨가 좋지 않으면 기분도 우울해지고 결국 일도 잘 안 될 거라고 생각했을 것이다.

2년 반 동안 도쿄에서는 약 100명의 은행 직원들을 상대로 일별 강수량과 생산성의 관계를 조사했다. 실제로 은

행 직원들은 오히려 비가 오는 날 훨씬 더 생산적이었다. 이 조사에서는 품질이 아닌 생산량만을 측정했기 때문에 연구진은 그 뒤를 이어 미국에서 온라인 조사를 시행했다. 이 실험의 참가자들에게는 오타가 많은 텍스트를 수정해야 하는 과제가 주어졌다. 또한 현재 날씨 상황을 측정하기 위해 별도로 우편번호를 입력했다. 이 연구에서도 비가 내리는 날씨일 때 업무 성과가 훨씬 좋았다는 것을 확인할 수 있었다. 참가자들은 비가 올 때 텍스트를 훨씬 더 빨리 수정했고, 실수도 적었다.

연구진은 날씨가 화창하면 생산성이 감소하는 이유를 추측해보았다. 화창한 날 사람들은 업무에 집중하기보다 밖에서 할 수 있는 일에 대한 생각에 빠져들기 때문이 아닐까. 이러한 가정을 검증하기 위해 또 다른 온라인 설문 조사가 시행되었다. 참가자들 중 한 그룹은 화창한 날씨를, 또 다른 그룹은 비가 오는 궂은 날씨를 떠올렸다. 이어서 참가자들은 떠오르는 여가 활동을 전부 나열하고, 그 활동의 매력 지수를 평가했다. 예상대로 화창한 날씨를 연상한 그룹이 더 많은 여가 활동을 언급했고, 그 여가 활동들에 긍정적인 호감을 보였다. 이로써 연구진은 궂은 날과 달리 화창한 날일수록 여가 활동에 대한 매력도가 상승한다고 판단했다.

연구진은 마지막 실험을 진행했다. 화창한 날 여가 활동에 대한 욕구가 상승하면 실제로 업무 생산성이 떨어지는지 검증하기 위한 실험이었다. 화창한 날과 비가 오는 날 각각 참가자들을 연구실로 초청했다. 초청한 참가자들 중 일부와는 여가 활동에 대해 이야기를 나눴고, 또 다른 일부와는 일상생활을 주제로 대화했다. 그런 다음 모든 참가자들에게 데이터 입력 과제를 주었다. 그 결과 비오는 날 과제를 수행한 참가자들의 성과가 평균적으로 더 높게 나타났고, 업무에 돌입하기 전 여가 활동에 관한 대화를 나누지 않은 집단의 생산성만 증가했다. 그러므로 화창한 날 업무에 집중이 되지 않는다면 밖에서 놀 생각에 정신이 팔려 있는 건 아닌지 돌아볼 필요가 있다.

022

애플 제품을 쓰면
아이디어가 샘솟는다?

날마다 우리는 다양한 브랜드 제품과 마주한다. 리바이스 청바지를 입고, 코카콜라를 즐겨 마시거나 애플 컴퓨터를 사용한다. 하지만 그럴 때 딱히 그 브랜드를 크게 의식하거나 특정 이미지를 연상하는 것은 아니다. 하지만 생각외로 브랜드는 우리의 행동에 큰 영향을 미친다.

캐나다와 미국의 심리학자들은 참가자들을 대상으로 창의성 테스트를 시행했다. 연구진은 '책갈피', '귀걸이', '봉투 오프너' 등이 쓰인 종이 클립을 참가자들에게 건네며 그것들의 활용법을 최대한 많이 생각해보라고 주문했다. 그러고 나서 참가자들에게 컴퓨터 화면을 응시하라고 요청한 뒤 0.013초, 즉 인식의 한계보다 더 빠른 속도로 애플과 IBM의 로고를 반복적으로 화면에 노출시켰다. 심리학자들은 애플, IBM의 브랜드 로고가 실험 참가자들의 창의성을 자극할 것이라고 추측했다.

실험 결과, 애플이 경쟁사인 IBM에 비해 창의적으로 인식되고 있는 것으로 나타났다. 애플 로고가 자동적으로 창의성에 필요한 심리적 구성 요소를 활성화시키거나 무의식적으로 창의력을 자극한 것이다.

실제로 애플 로고에 노출된 참가자들이 IBM 로고에 노출된 참가자들에 비해 종이 클립에 적힌 물건들의 활용법을 고안하는 창의성 과제에서 보다 독창적인 아이디어를 제시했다. 그들은 미처 인지하지 못한 상태에서 브랜드 로고를 접하는 것만으로도 영향을 받았다. 로고를 인식하면서 해당 브랜드의 특정 성향을 연관시킨 것이다.

포르쉐 광고를 보면 운전할 때 속도를 조금 더 높이지 않는가? 코카콜라를 마실 때면 마음이나 행동이 젊어지는 것 같지 않은가? 아웃도어 브랜드 옷을 입으면 모험을 즐기고 싶은 기분이 들지 않는가? 브랜드와 로고는 우리의 행동에 어느 정도 영향력을 행사한다. 하지만 어떤 방식일지 미리 예측하기는 어렵다. 그것이 우리에게 긍정적인 영향을 주기만 바랄 뿐이다.

⬆

023

집중력이 떨어지면
자연으로 가라

언제나 쉽게 시도할 수 있으면서 부작용은 전혀 없고 무료이기까지 한 정신 능력 향상 훈련법을 알고 있는가? 일간지에서 볼 수 있는 스도쿠 퍼즐이 아니다. '자연 트레이닝'이다.

미시간대학교의 연구진은 숲에서 산책을 하든 호수에서 수영을 하든 자연 환경이 우리의 정신 능력을 향상시켜준다는 것을 입증했다. 연구진은 특히 집중력을 조절하는 기능, 즉 지도에서 도로명을 찾을 때처럼 무언가에 집중해야 할 때 필요한 능력을 분석했다.

우선 실험 참가자들은 복잡하고 어려운 과제를 풀었다. 이를테면 최대 9개의 숫자를 정하고 그것을 기억했다가 역순으로 다시 말해야 하는 식의 과제였다. 그런 다음 참가자들 중 절반은 약 한 시간가량 공원 산책을, 나머지 절반은 시내 산책을 다녀왔다. 외출을 마치고 온 참가자들은 다시 한 번 과제를 풀었다. 연구진은 두 그룹의 성과에 차이가 있는지 확인했다.

실제로 공원에서 산책을 하고 온 참가자들은 산책을 마친 후 과제 수행 능률이 확연히 향상되었지만, 시내를 돌아다닌 참가자들은 크게 차이가 없었다. '공원 산책'팀은 자연과 접촉함으로써 자신도 모르게 정신적 능률이 향상된 것이다.

연구진은 자연에서 인지하는 것들이 대체로 감각은 활성화하면서도 특정한 것에 주의를 기울이게 할 정도로 자극적이지는 않기 때문에 우리의 집중력을 쉬게 할 수 있다고 주장한다. 이러한 방식으로 떨어진 집중력을 회복시켜주는 '자연 트레이닝'은 세금 신고, 독서, 스도쿠 퍼즐 풀기 같은 소소한 일부터 중요한 업무 처리까지 일상생활에서 다양하게 활용할 수 있다.

024

같은 얘기를 또 하는 이유

누구나 이런 경험이 있을 것이다. 지인에게 어떤 얘기나 농담을 하는 순간 곧바로 같은 말을 상대에게 한 적이 있었다는 기억이 떠오르는 것이다. 그것도 이미 여러 차례나 말이다. 대화를 기억하지 못할 정도로 이 관계를 별것 아닌 것으로 여긴다는 기분을 상대에게 느끼게 하고 싶지 않은 경우라면 더더욱 곤욕스러운 일이 아닐 수 없다. 사적인 주제라면 특히 더 그렇다. 하지만 꼭 기억력은 주기적으로 그런 순간에 내 말을 듣지 않는다.

토론토대학교의 심리학자들은 우리가 누군가에게 한

말을 종종 잊어버리는 이유를 파악하기 위해서 다양한 심리 실험을 시행했다. 실험 참가자들은 50명의 유명 인사 사진을 보며 미리 읽어둔 정보를 말하거나 반대로 그 사진에 대한 정보를 들었다. 그런 뒤 연구진이 제시한 사진 속 인물과 기억한 정보가 일치하는지 확인했다. 실험 결과는 매우 놀라웠다. 말하는 사람이 정확히 기억하는 경우는 듣기만 한 사람에 비해 16퍼센트 정도 적었다. 말로 전했든 또는 읽게 한 것이든 전달된 정보의 양은 동일했다.

이어진 실험에서는 우리가 사적인 정보를 말할 때 얼마나 자주 잊어버리는지 조사했다. 참가자들은 유명 인사들의 사진을 보며 한 번은 개인 정보를, 다른 한 번은 개인 정보와 관련 없는 내용을 말했다. 예상대로 참가자들은 불특정 정보를 설명할 때에 비해 개인 정보는 잘 기억하지 못했다. 이는 화자가 개인적인 이야기를 할 때 상대보다 자신에게 집중하는 경향이 강하기 때문이다.

그러므로 누군가에게 똑같은 이야기를 몇 번 반복했다고 매번 얼굴을 붉힐 필요는 없다. 이야기를 듣는 사람은 말하는 사람보다 그 상황에 감정적으로 개입하지 않으므로 대화 내용에 보다 집중할 수 있고 더 잘 기억하는 것이다. 그렇더라도 누군가와 대화를 할 때 똑같은 말을 반복하는 실수를 꼭 피하고 싶다면 내가 아닌 상대에게 더 많은 관심을 기울이고 집중해보자.

025

나이가 많은 사람이
더 지혜로울까?

솔직히 늙는다는 것은 꽤나 괴로운 일이다. 무엇보다 정
신적 능력이 떨어진다. 더는 예전만큼 빠르게 생각할 수도
없고, 기억도 뚜렷하지 않다. 그런데도 사람들은 나이가
들수록 현명해진다고 생각한다. 왜 그런 걸까?

나이 듦과 지혜를 연관시켜 생각하는 것은 세월이 지날
수록 인생 경험이 풍부해져서 현명해진다는 발상 때문이
다. 심리학자 우르술라 슈타우딩거Ursula Staudinger와 폴 발테
스는 지혜를 '인생의 계획과 설계, 삶의 의미처럼 인생에
대한 심오한 질문에 답하는 전문 지식'이라고 정의했다.

즉 인생이 어떻게 흘러가는지 알고, 생활환경의 차이를 인식하며, 자신의 한계를 명확하게 알고 삶에 반영할 줄 아는 능력 등이 지혜에 포함된다.

지혜를 관찰하기 위해 슈타우딩거와 발테스는 실험 참가자들에게 존재론적 위기에 대처할 만한 해결책을 제안해달라고 요청했다. "자신의 인생을 뒤돌아보며 숙고해보면 때로는 예전에 세웠던 목표를 달성하지 못했다는 것을 깨닫기도 하지요. 이런 순간에는 무엇을 하는 것이 좋을까요?"

이에 대한 가장 지적인 답변 중 하나는 다음과 같았다. "우선 자신이 이룬 것에 만족한다고 대답할 사람은 극소수일 것이며, 그런 사람은 분명 자신에게 비판적이지 않은 사람일 것입니다. (……) 또한 설정한 목표가 이상주의적인지, 물질주의적인지에 따라 달라질 거라고 생각합니다. 나이, 생활환경과도 관련이 있겠지요. (……) 자신이 세운 목표에 점점 현실적인 시각을 갖춰야 하는데, 타인과 이야기하는 것이 그런 시각을 갖추는 데 도움이 됩니다. (……) 인생에서 마주하는 어려움의 원인이 본인의 문제거나, 환경적 문제거나, 두 가지 전부일 수도 있기 때문입니다."

슈타우딩거와 발테스는 사람의 지성, 사회적 능력, 새로운 것에 대한 개방성은 지혜를 얻는 데 도움을 주지만 나이와는 관련이 없다고 보았다. 연령대마다 마주하게 되는 문제는 결국 그때그때 '가치 체계를 농축하거나 구체화하는' 문제에 가깝다. 다시 말해 각 연령별 집단에게 생긴 문제의 전문가는 바로 그들 자신이라는 것이다. 이러한 발견은 지혜와 관련된 지식과 깨달음의 과정은 '누적'이 아닌 변화무쌍한 프로세스라는 발달심리학의 가설을 뒷받침한다. 삶의 다양한 영역에서 축적한 지식은 반복적으로 형태를 바꾼다. 그러므로 때로는 쌓는 것보다 잊는 것이 지혜가 될 수 있다.

026

'구체적인 생각'의 힘 1
: 실천력

흡연이든, 운동이든, 커리어에 관한 일이든 굳게 다짐한 결심은 대부분 모래성처럼 부서져버린다. 결심을 행동으로 옮기는 데 유용한 마음가짐은 무엇일까?

영국 심리학자 패스컬 시런Paschal Sheeran과 마이클 실버맨 Michael Silverman은 실험을 통해 직장 내 건강과 안전성 증진을 위한 세 가지 개입 방식에 대해 조사했다. 영국의 경우 직장 내 화재 안전 교육과정에 참여하는 직원은 평균 16퍼센트에 불과했는데, 직원들의 참여도를 높이기 위한 세 가지 방법이 동원되었다.

먼저, '동기부여 개입'은 직원들이 프로그램에 스스로 참여하고 싶도록 만드는 것으로, '화재 안전 교육과정에 참여하고 싶어!'라고 생각하게 했다. 직원들은 화재 안전 교육과정이 몹시 중요하고 배울 점이 많으며 흥미진진하다는 편지를 받았다. 두 번째로 '자발적 의지의 개입'은 직원들이 언제 어떻게 참여할지 구체적으로 고민하게 만드는 것이다. 즉 'X시간이 되면 Y장소에서 진행하는 화재 안전 교육과정에 참여해야겠군!'이라고 생각하게 만들었다. 그리고 세 번째 개입은 앞서 설명한 두 개입을 복합적으로 적용했다.

가장 좋은 전략은 무엇이었을까? '동기부여 개입'을 통해 의지만 가진 경우에는 실제 참여도에 크게 영향을 미치지 못했다. 반면 교육과정에 참여하려면 언제 어디로 가야 할지 심사숙고했던 직원들은 무려 79퍼센트가 교육과정에 참여했다.

당신에게 '결심'이란 무엇을 의미하는가? 뭔가를 바꾸거나 실천하려는 '의지'라면, 결심하는 순간 이미 달성한 것이다. 이를테면 당신은 규칙적으로 운동을 해야겠다고 '결심'했다. 그러나 정말로 결심을 달성하기 위해서는 언제,

어디에서 실행할 것인지 명확히 해야 한다. 이를테면 '매주 월요일 저녁 7시에 45분 동안 하이드파크에서 조깅을 하겠어'라고 정하는 것이다. 이렇게 구체적으로 계획하면 결심을 실천할 가능성이 높아진다. 당장 실천에 옮기지 못하는 상황이라도 나중에 구체적인 조건이 들어맞으면 거의 자동적으로 결심을 실행에 옮길 수 있다.

그렇게 했음에도 불구하고 실천에 옮기기 어려운가? 핑계야 늘 충분하다. 그러므로 장애가 될 만한 것(비, 약속, 피로)이 무엇이 있을지도 미리 생각해두어야 한다. 곤란한 상황에서도 결심을 지키려면 무엇을 어떻게 해야 할지 미리 고민해두자.

그렇게까지 했는데도 효과가 없다면 잠시 중단해라. 이럴 때는 의식적으로 멈추는 것이 중요하다. 다만 그러한 일시 정지 상황은 예외로 두고, 그다음 주에 다시 결심을 실천하도록 해라.

'구체적인 생각'의 힘 2
: 추진력

무슨 일이 있어도 주 중에 조깅을 하겠다고 굳게 다짐했
건만 시간이 흐르면서 그 횟수가 점점 줄어든다. 이번 주
에는 해치우겠다고 벼르던 세금 신고도 결국 처리하지 못
하고 다음 주로 미룬다. 항상 머릿속에는 해야 할 일 1순위
로 창고 정리가 자리 잡고 있지만 끝내 하지 못한다. 심리
학자들이 '미루는 버릇procrastination'이라고 부르는 이 행동은
스스로 세운 목표를 향해 나아가려고 할 때 불편한 마음을
억누르며 계속 미루는 행위를 말한다.

사회심리학자 숀 맥크리Sean McCrea와 그의 동료들은 특정

과제를 미룰 때 영향을 미치는 것이 무엇인지 조사했다. 그 과제는 '앞으로 3주간 규칙적으로 수영을 해서 2킬로그램을 감량하겠어'처럼 구체적일 수도 있고, '날씬해지고 싶어'처럼 일반적이고 추상적일 수도 있다.

맥크리의 연구팀은 실험에 참여한 참가자들을 두 그룹으로 분류했다. 두 그룹 모두 조르주 쇠라Georges-Pierre Seurat의 〈퍼레이드La Parade〉라는 작품을 응시했다. 이때 '추상' 그룹은 이 신인상주의 그림이 색채의 배치와 조합을 통해 긍정적인 감정을 일으킨다는 정도의 설명을 들었다. 그리고 '구체' 그룹은 그림의 일부분까지 관찰하며 더 자세히 접근한 후 세부 사항을 확인했고, 이 그림에는 점묘법이라는 미술 기법이 활용되었으며 대조적인 색상의 점들이 모여 완성되었다는 설명을 들었다. 그 후 참가자들 전원은 3주 안에 설문지에 응답을 작성해서 내라는 과제를 받았다. 맥크리와 연구진은 미루는 버릇의 정도를 측정하고자 설문지에 응답을 작성해서 제출하기까지 시간이 얼마나 소요되었는지 두 그룹의 참가자들을 비교했다. 더 많은 시간이 걸린 그룹은 어느 쪽이었을까?

실제로 점묘법이라는 '구체적인' 설명을 들었던 구체 그룹은 평균 14일 안에 설문지를 제출했다. 반면 그림 전반에 대한 '추상적인' 설명만 들었던 참가자들은 설문지를 제출하기까지 평균 21일이 소요되었다. 일주일이나 더 오래 걸린 것이다. 하지만 이 과제를 중요하고 어렵고 불편하게 느낀 것은 두 그룹이 동일했다.

특정 사항에 대해 구체적으로 생각하는 방식은 다른 과제를 빠르게 처리하는 데도 도움이 된다. 계속 미루기만했던 창고 정리를 정말 시작해야 한다면, 머리 아픈 점묘법에 대해 구체적으로 고민해보면 어떨까?

⬆

많이, 오래 기억하려면
휴식을 취해라

기억력 향상을 위해 굳이 약국에 가서 포도당 캔디를 살 필요가 없다. 학습 후 몇 분이라도 취하는 짧은 휴식(수면이 아니다)이 능률을 한껏 올려준다는 것이 심리학 실험을 통해 입증되었기 때문이다. 잠시 휴식을 취한 사람은 아예 쉬지 않은 사람보다 훨씬 더 많은 것을 기억했다. 그렇다면 그 기억이 장기적으로 유지되는 것도 가능할까?

에든버러의 옥스퍼드대학교와 미주리의 컬럼비아대학교의 공동 연구진은 휴식으로 높아진 기억력이 장기간 지속되는지 조사했다. 연구진은 실험 참가자들에게 서로 다른 조건 아래서 두 가지 이야기를 들려주고 그 내용을 얼마나 오래 기억하는지 검증했다. 먼저 첫 번째 이야기를 들은 후 참가자들 전원은 약 10분간의 휴식을 가졌다. 이어 두 번째 이야기를 들었는데, 일부 참가자들은 두 번째 이야기를 들은 직후 까다로운 문제를 풀었다.

예상대로 짧은 휴식을 취했을 때 기억력이 명확히 향상되었으며, 그 효과는 장기간 지속되었다. 이야기를 들은 후 잠시 휴식을 취한 참가자들은 곧바로 과제를 풀어야 했던 참가자들에 비해 일주일이 흐른 시점에도 더 많은 내용을 기억했다.

비슷한 실험에서 참가자들은 똑같이 이야기를 들은 후 일주일간 그것을 생각하지 말고 있다가 일주일 후에 처음으로 그 이야기를 떠올려보도록 요청받았다. 그렇게 함으로써 참가자들이 이야기를 들은 후 일주일간 반복적으로 떠올려보면서 기억력을 훈련시키지 않도록 통제했다. 이 실험에서도 휴식이 기억력에 미치는 긍정적인 효과가 입증되었다.

일주일이 지난 시점에 참가자들이 기억한 내용의 수준은 학습 후 곧바로 한 행동이 무엇이었느냐에 큰 영향을 받았다. 따라서 학습 효과를 높이고 싶다면 공부가 끝난 후 정신적으로 긴장해야 하는 일을 하지 않도록 관리하는 것이 좋다.

029

⬆

목표는 하나일수록 좋다

체중 감량, 근육 생성, 건강 증진, 새로운 사람들과의 만남……. '운동'의 목적은 다양하다. 반면 '다이어트'는 체중 감량이라는 하나의 목표에 집중하는 경우가 많다. 그렇다면 다이어트보다는 운동을 하는 것이 더 나을까?

시카고대학교의 연구팀은 사람들이 특정 행위의 목적이 하나일 때와 여러 가지일 때 그 중요성을 어떻게 평가하는지 조사했다. 실험 참가자들은 '토마토 먹기'가 얼마나 중요한지 평가했다. 처음에는 '암 예방'이라는 목적만 가지고 평가했고, 그 후 암 예방에 '퇴행성 안질환 예방'이라는 목적을 추가한 후 다시 평가했다. 역설적이게도 참가자들은 두 번째 평가에서 현저히 낮은 점수를 주었다. 목적이 둘일 때 덜 중요하다고 판단한 것이다.

이런 결과는 하나의 수단이 여러 가지 목적을 추구할수록 그 목적의 힘이 감소하는 현상을 설명해준다. 이를테면 사람들은 친구가 많은 사람보다 친한 친구 한 명만 있는 사람의 우정이 더 깊다고 생각한다. 친구가 많으면 각각의 친구 모두와 친밀하기는 어렵다고 판단하는 것이다. 즉 어떤 행위의 목적이 여러 개로 분산될수록 목적의 힘도 분산되어 그 효과가 떨어진다.

그러므로 정말 중요한 목표가 하나 있고, 그 목표를 이루는 데 적절해 보이는 방법이 있다면 하나씩에만 집중하자. 예를 들어 기분 전환을 위해 운동을 하려고 마음먹었다면, 체중 감량까지 하려는 욕심은 잠시 접어두는 것이 좋다. 애초에 정한 기분 전환이라는 목표마저 흐려지기 때문이다. 어떤 일을 시작할 때는 목표 하나만을 바라보고 그 목표를 항상 되새기며 나아가야 달성할 가능성이 높아진다는 것을 기억하자.

030

최종 목표만 보지 마라

인생의 목표가 직업적 성공이든, 행복한 가정이든, 자연과 조화를 이루는 삶이든 내가 세운 최종적인 목표에만 집중하면 될까? 그 목표를 실현하기가 힘들다고 느껴질 때, 목표를 향해 달려가는 과정이 더디게만 느껴질 때도, 그저 불만으로 가득 찬 기분을 감수할 수밖에 없는 걸까?

한 실험에서 참가자들은 여러 차례에 걸쳐 낱말 퍼즐을 풀었다. 각 라운드가 끝날 때마다 성적에 대한 피드백이 주어졌다. 사실 피드백은 실제 성적과 상관없이 임의로 제공하는 것이었지만, 참가자들은 그 사실을 알지 못했다. 먼저, 첫 번째 참가자들에게는 라운드별 점수를 합산한 전체 성적의 총점을 토대로 피드백을 주었다. 두 그룹으로 나누어 긍정적인 피드백("최고의 성적을 향해 가고 있습니다")과 부정적인 피드백("최악의 성적으로 치닫고 있습니다")을 주었다. 그리고 또 다른 참가자들에게는 라운드별로 성적을 알려주었다. 역시 두 그룹으로 나누어 긍정적인 피드백("이번 라운드에서 뛰어난 성적을 달성했습니다")과 부정적인 피드백("이번 라운드에서 매우 낮은 성적을 달성했습니다")을 주었다.

테스트 결과가 가리키는 바는 명확했다. 긍정적인 피드백을 받은 참가자들은 어떤 식으로 피드백을 주든 상관이 없었다. 성적이 잘 나왔으니 그것이 전체 점수에 대한 것이든 라운드별 점수든 그런 건 중요하지 않았다. 찬사를 들은 참가자들의 기분은 최상이었고 앞으로도 자신이 계속 유능할 것이라고 평가했다.

반면 부정적인 피드백을 받은 참가자들에게는 피드백의 유형이 중요한 영향을 미쳤다. 전체 점수에 대해 부정적인 보고를 받은 참가자들은 좋지 않은 기분을 느끼며 앞으로도 자신이 유능하지 못할 것이라고 평가했다. 그러나 라운드별 점수로 피드백을 받았을 때는 전체 점수에 대해 들었을 때보다는 다소 기분이 나았으며, 비교적 자신에 대해 희망적으로 평가했다.

이것은 무엇을 의미할까? 전체 점수는 최종 목표에 대한 진행 상황이며, 라운드별 점수는 중간 목표, 즉 중간 단계의 상황이다. 누구나 승승장구하는 동안은 최종 목표와 중간 목표 중 무엇을 중점적으로 보아야 하는지 신경 쓰지 않는 것으로 보인다. 반면 좌절과 실패를 겪었다면 우선 중간 목표에 집중하는 것이 유리하다. 그래야 그 실패가 최종 목표에 대한 실패가 아닌 최종 목표로 가는 중간 단계에만 적용되는 사실이 되기 때문이다. 그러면 상황에 따라 최종 목표까지 포기하는 일 없이 그 과정만 개선하여 앞으로 나아갈 수 있다.

나이가 들면 그때 그 문제를
더 지혜롭게 풀 수 있을까?

지혜는 단순 경험의 누적이 아닌
변화무쌍한 프로세스의 결과물이다.

031

때로는 포기해라

자기계발서나 자서전을 보면 진정 성공하는 사람은 극복해야 할 장애물이 아무리 많아도 꿋꿋하게 목표를 향해 달려간다. 하지만 정말 현실적으로 그게 맞을까?

일상에서는 절대 이루지 못할 비현실적인 목표만 좇다 보면 대개 불행과 정신적 스트레스로 이어지기 쉽다. 캐나다의 심리학자들은 달성하지 못할 목표를 보다 수월히 내려놓는 사람들이 목표한 바를 이루려고 고집스레 붙들고 있는 사람보다 심리적으로 안정되어 있다는 가설을 세웠다. 그리고 이때 무엇보다 새로운 목표에 대한 방향 설정이 유용하다고 생각했다. 예컨대 곧 은퇴를 앞둔 성공한 경영자의 경우 현실적인 새로운 목표를 세우면 지금까지 커리어를 통해 이룬 야망을 내려놓기가 한결 수월해진다는 것이다. 이를테면 '은퇴 후 나는 스포츠클럽에 적극 참여하려고 생각하고 있습니다'와 같은 목표를 세우는 것이다.

이러한 가설을 검증하기 위해 연구진은 임의 추출 샘플을 바탕으로 세 번의 연구를 진행했다. 첫 번째는 대학생, 두 번째는 청년과 중장년층이 대상이었다. 마지막으로 세 번째 연구에서는 소아암에 걸린 자녀를 둔 부모와 건강한 아이를 둔 부모를 비교 분석했다.

연구진의 실험 결과, 실현 불가능한 목표를 내려놓는 능력이 현실적인 새 목표의 방향을 정하는 것은 물론 행복에도 긍정적인 영향을 미친다는 것이 세 그룹 전체를 통해 입증됐다. 또한 새 목표를 세우고 달성하려고 노력하는 행동이 실현 불가능한 목표를 포기하는 데 도움이 된다고 심리학자들은 강조했다. 중요하지만 이루지 못할 목표를 진심으로 포기하지 않은 채 그대로 또 다른 목표를 세운다면 무익함에 휘말릴 수 있다. 이를테면 이런 생각을 하게 되는 것이다. '원래 목표를 포기하는 것도 힘들었는데 또 다른 목표라니. 원래 목표가 계속 너무 거슬려. 새 목표를 세우긴 했지만 뭔가 기분도 찝찝하고 스트레스만 받는 것 같아.'

그저 달성하기 힘든 목표라면 절대로 포기하지 말아야한다. 현실적으로 분석하며 필요한 노력이 무엇인지 냉철하게 평가해야 한다. 하지만 불가능에 가까운 목표를 붙들고 있는 것이라면 과감하게 그것을 내려놓고 차라리 새로운 목표로 눈을 돌리는 것이 합리적이다.

사진을 찍어두면 기억을 잘할까?

날마다 촬영되는 사진의 수는 전 세계에서 약 30억 장 이상일 것으로 추정되며, 그중에서 무려 3억 장에 가까운 사진이 SNS에 업로드되고 있다. 오늘날 디지털 사진은 흡사 '외부 기억장치'와 같은 기능을 한다. 하지만 정말 사진을 촬영해놓으면 더 잘 기억할까? 혹시 사진을 촬영하면 오히려 그 장소와 상황을 제대로 기억하지 못하게 되지는 않을까?

그 질문에 대한 답을 찾아보기 위해 심리학자 린다 헨켈 Linda Henkel은 실험 참가자들에게 박물관 투어에 참여하게 한 뒤 작은 액정으로 전시물을 촬영할 수 있는 카메라를 지급했다. 이때 참가자들을 세 개의 그룹으로 나누어 첫 번째 그룹에게는 전시품의 일부를 촬영할 것을, 두 번째 그룹에게는 촬영 없이 관람만 하기를 요청했다. 그리고 세 번째 그룹에게는 전시물의 3분의 1은 전체 장면을, 3분의 1은 디테일이 샅샅이 보일 정도로 클로즈업 촬영을, 마지막 3분의 1은 촬영 없이 전시품을 관람하라고 요청했다.

박물관을 관람한 다음 날 참가자들에게 전시물에 대하여 질문했다. 이를테면 당나라 전사의 손에 방패와 창이 있었는지, 아무것도 없었는지를 묻는 질문이었다. 전시물 전체를 촬영하거나 눈으로만 관람한 사람들은 전시물을 잘 기억하지 못했다. 카메라라는 '외부 기억장치'에 의존한 탓에 세부 사항이 기억에 많이 남지 않은 탓이었다. 세 번째 그룹의 경우 전체 모습을 촬영한 전시물은 눈으로만 관람한 전시물에 비해 잘 기억해내지 못했다. 하지만 전시물을 클로즈업하여 세심하게 촬영한다면 기억이 떠오르지 않는 일은 없을 것이다. 흥미롭게도 전시물의 일부를 확대하여 촬영한 실험 참가자들은 전시물의 디테일뿐만 아니라(당나라 전사의 손), 손을 찍으려 하다가 머리만 찍는 등의 경험들 덕분에 클로즈업한 장면 밖의 영역까지 또렷이 기억했다.

그러므로 기억하는 정도는 촬영 여부가 아니라 촬영한 방식에 따라 달라졌다. '카메라의 눈'이 반드시 '기억의 눈'이라고는 할 수 없다. 다만 특정 부분을 정하고 촬영하면 그 세부 사항을 찾아가는 과정에서 피사체 전체에 집중하게 되고, 피사체에 대한 일종의 심화 학습이 이뤄진다.

여행을 가서도 아무 생각 없이 보이는 곳곳마다 촬영하기보다 어떻게든 더 아름다운 풍경과 구도를 담으려 신경을 쓸 때 우리 기억에 도움이 될 것이며, 여행 사진의 격을 한층 더 높여줄 것이다.

033

칭찬이 잘못했네

　자녀에게 과도한 칭찬을 퍼붓는 경향이 있는 부모들이 있다. 이를테면 "정말 잘했구나!" 대신에 "너무나 환상적일 정도로 훌륭해!"라고 말하거나, "정말 아름다운 그림이야!" 대신에 "세상에서 가장 아름다운 그림이야!"라고 말하는 것이다.

　부모나 선생님 들은 어떻게 해도 아이들을 칭찬하기에 턱없이 부족하다고 확신하며 여러 육아 서적의 조언을 그 근거로 삼는다. 책에서는 자신감이 부족한 아이들에게 칭찬이 유익하다고 말한다. 실제로 어느 한 실험에서 아이들

중 4분의 1이 과장된 칭찬을 받자 미약했던 자신감이 두 배 이상 상승하는 효과를 보였다. 하지만 정말 이런 식의 과도한 칭찬이 아이의 자존감을 키우는 데 적절한 걸까?

정도를 넘는 칭찬은 자칫 높은 능력 수준을 암시하는 인상을 줄 수 있다. 그런 칭찬에 길들여진 아이들은 도전적인 과제를 회피하게 된다. 다른 과제마저 그냥 '잘'하는 것이 아니라 '믿을 수 없을 정도로 잘'해낼지 확신하지 못하기 때문이다. 안 그래도 평소에 자신감이 낮았던 아이들은 더더욱 자신을 신뢰하지 못한다. 그런 아이들에게 과장된 칭찬을 자주 하면 해로울 수밖에 없다.

이 가설을 입증하기 위해 한 연구진은 아이들에게 그림을 그리게 한 뒤 그 그림을 '유명 화가'에게 평가하게 했다. 화가는 아이들을 전혀 칭찬하지 않거나, 적절한 수준으로 또는 과장된 방식으로 칭찬했다. 그러고 나서 아이들에게 다음에 그리고 싶은 그림을 선택하게 했다. 아이들은 난이도가 쉬운/보통/어려운 그림 중 하나를 선택했다. 놀랍게도 평소 자신감이 별로 없던 아이들이 칭찬을 아예 듣지 못하거나 적당히 들었음에도 난이도가 높은 그림을 선택했다. 하지만 자신감이 없는 상태에서 과한 칭찬을 들은 아이는 가장 그리기 쉬운 그림을 선택했다. 자신에 대한 신뢰가 완전히 무너진 것이다. 반면 자신감이 높은 아이들은 다음 그림을 선택할 때 칭찬의 정도에 아무런 영향을 받지 않았다.

따라서 칭찬을 할 때도 유의해야 할 점이 있다. 특히 아이를 칭찬하는 부모, 선생님, 어른들은 보다 주의해야 한다. 자신감이 부족한 아이들은 과장된 표현에 오히려 한 걸음 뒤로 물러서려 한다. 이 점을 마음에 새기고 말을 고를 줄 아는 어른이 있다면 그에게 '아이들에게 믿을 수 없을 정도로 굉장한 힘을 주고 있다'고 얘기해주고 싶다. 이때의 칭찬은 과장이 아니라 있는 그대로의 의미임을 덧붙이면서.

⬆

034

동영상 학습은
얼마나 효과가 있을까?

　영유아 미디어 시장은 나날이 급성장하고 있다. 아이들에게 새로운 낱말을 가르치기 위해 쉬운 말과 색색의 그림을 활용한 동영상 콘텐츠가 넘쳐난다. 부모 중 최대 40퍼센트는 자녀가 그런 동영상을 보며 실제로 무언가를 배운다고 생각한다.

　그러므로 영유아 미디어 시장이 지금처럼 각광받고 있는 것도 놀라운 일만은 아니다. 어린 꼬마들이 작은 모니터 앞에 꼼짝하지 않고 앉아 있으면 마침내 부모에게 잔뜩 쌓인 설거지를 할 시간도 생기는 것이다. 부모는 막연히 그것이 자녀에게도 좋은 일이라고 생각한다.

이에 한 연구팀은 시중의 영유아 교육 미디어를 통해 어린아이가 실제로 무언가를 배우는지, 이 모든 것이 상술에 불과한지 심도 있게 알아보기로 했다. 실험을 위해 생후 12~18개월 유아를 자녀로 둔 부모들은 베스트셀러 영유아 비디오를 구매했다. 그 영상에 등장한 사람은 집과 정원에 있는 물건의 이름을 찬찬히 알려줬다. 동영상을 통해 어린아이들은 25개의 새로운 낱말을 습득해야 했다.

실험에 참가한 아이들 중 첫 번째 그룹은 4주 동안 매일 이 영상을 시청했다. 이때 부모는 아이 주변에 있었지만 아이와 함께 동영상을 시청하지는 않았다. 그리고 두 번째 그룹은 부모가 아이와 함께 동영상을 시청했다. 세 번째 그룹은 둘 다 동영상을 시청하지 않고 부모가 아이와 함께 일상 활동을 통해 25개의 낱말을 연습했다. 네 번째 그룹은 동영상도 시청하지 않고 부모와 별도로 연습하지도 않았다.

실험 결과는 명확했다. 동영상을 시청한 아이들은 혼자 봤든 부모와 봤든 25개의 낱말을 제대로 습득하지 못했다. 4주간의 강도 높은 '동영상 훈련'이 종료된 후에도 새로 배운 25개의 물건을 예전보다 명확히 가리키지 못했다. 이는 아예 동영상을 보지 않은 아이들과 크게 다르지 않았다. 실험에 참가한 아이들 중 부모와 함께 일상 활동을 통해 연습한 아이들만이 훨씬 더 많은 낱말을 인식했다.

영유아는 어른과 함께 자연스러운 환경에서 낱말을 배우는 것이 가장 좋다. 하지만 이러한 연구 결과에도 부모들은 선뜻 베이비 미디어를 내려놓지는 않을 것 같다. 그래도 잠시나마 부모가 숨을 돌릴 만한 시간을 제공해주는 건 사실이기 때문이다.

035

경고 문구와 소비 심리

"흡연은 고통스러운 죽음을 초래할 수 있습니다."

"흡연은 정자를 손상시켜 임신을 어렵게 합니다."

"흡연은 혈액순환장애를 야기할 수 있으며 발기부전을 유발할 수 있습니다."

담뱃갑에 새겨진 흡연의 부작용을 경고하는 문구는 누구나 알고 있다. 이렇게 무시무시한 문구는 어떠한 영향을 미칠까? 텔아비브대학교의 연구진은 인공 감미료와 모발 성장 촉진제처럼 특정 상품의 소비에 관한 경고 문구가 오히려 소비자를 자극할 가능성이 있다는 것을 밝혀냈다. 그들은 상품 소비의 위험성을 경고하는 정보는 해당 상품에 관한 호기심이나 매력을 부추기지 않는 선에서 신뢰가 가는 문구로 안배해야 한다고 제안한다. 상품이 가진 문제의 일부만 애매하게 표기했을 경우, 완전히 긍정적이거나 부정적으로 표기했을 때보다 훨씬 심각한 영향을 미칠 수 있기 때문이다.

제품의 긍정적인 측면은 서서히 힘을 발휘하여 부정적인 측면을 넘어서기도 한다. 우선 건강에 해로울 수 있다는 경고 문구를 접한 직후에는 그 내용에만 집중하게 되어 해당 상품의 매력이 반감된다. 하지만 그로부터 2주 정도만 지나면 상황이 역전되기도 한다. 제품에 대한 긍정적인 기억이 다시 우위를 차지하기 때문이다. 경고 문구를 본 적이 있는 제품이지만 그래도 신뢰할 만하다는 기억에 자기도 모르게 자주 손을 뻗고 만다.

이러한 사실을 알려준 실험 결과는 참가자들의 행동을 분석한 23인의 마케팅 전문가들마저 놀라게 했다. 전문가들은 그러한 경고 문구가 소비자의 구매 의사를 감소시킬 것이라고 가정했기 때문이다.

036

저 사람 내가 아는 사람인데?

어떤 사람의 얼굴을 봤을 때 누군지는 잘 떠오르지 않지만 꼭 아는 사람처럼 느껴질 때가 있다. 이는 우리가 누군가의 얼굴을 오랫동안 잘 기억할 수는 있지만, 그 기억이 전부 우리 의식에 저장되지는 않기 때문이다. 우리는 어떻게 누군가의 얼굴을 '무의식적으로' 기억하는 걸까?

미국의 심리학자들은 특정 얼굴과 마주치는 일이 여러 번 반복되면 뇌의 네트워크에 변화가 생긴다고 추측했다. 그러면 몇 달이 흐른 뒤 그 얼굴을 의식적으로 떠올리지는 못해도 자동으로 인식한다. 이러한 효과를 조사하기 위해 연구진은 실험 참가자들에게 얼굴이 흐릿한 인물 사진을 보여줬다. 그 사진 속에는 모두 10명의 인물이 있었다. 참가자들은 흐릿한 사진을 치우고 사진에서 본 10인을 알아맞혀야 했다. 이 연습이 약 840회가량 반복되자 참가자들이 얼굴을 맞히는 정확성이 점점 상승했다. 이에 대해 연구진은 얼굴이 '각인'되도록 두뇌의 네트워크 구조에 변화가 일어났기 때문일 거라고 추측했다.

그로부터 1년이 흐른 후 실험 참가자들이 다시 연구실을 방문했을 때, 비록 그 10인의 얼굴을 더는 기억하지 못했지만, 낯익은 얼굴을 알아맞히는 정확성은 사진을 보지 않았던 사람들보다 훨씬 뛰어났다. 1년 사이에 낯익거나 낯선 사람들을 얼마나 많이 마주쳤을지 감안한다면 매우 놀라운 성과가 아닐 수 없다.

이러한 능력은 비단 사람 얼굴에만 국한되지 않는다. 복잡한 패턴을 기억할 때도 효과는 동일했다. 사람의 기억을 다루는 뇌는 반복적으로 노출되는 모든 것들을 저장하며, 매우 오랫동안 유지한다. 데자뷔 현상 또한 이러한 작용으로 설명할 수 있다.

037

살찌게 하는 생각

살이 찌는 원인과 관련하여 많은 이론들이 통용되고 있는데, 그중 일부는 모순적이기까지 하다. 잘못된 식단, 운동 부족, 유전적 체질이 가장 자주 거론되는 원인이다. 하지만 전문가들의 의견마저 하나로 일치하지 않는 것을 보면 그중 어떤 원인으로 생각하든 상관없을 것 같기도 하다.

그러나 꼭 그런 것만은 아니다. 어떤 의견을 갖느냐에 따라 행동이 달라지기도 한다. 이와 관련하여 심리학자들은 심층 분석해보기 위해 사람들에게 과체중이 된 원인이 무엇이라고 생각하는지 조사했다. 사람들의 대다수는(90퍼

센트 이상) 과체중이 특히 식단(50.4퍼센트) 또는 운동 부족
(41.3퍼센트) 때문이라고 생각했다.

그런데 여기서 흥미롭게도 식단이 문제라고 생각하는
사람들은 운동 부족이 문제라고 생각하는 사람들에 비해
체질량 지수와 비만도가 낮은 것으로 조사되었다. 체중 증
가가 과식 탓이라는 생각에 과도한 칼로리 섭취를 주의했
기 때문이다. 반면 체중 증가가 운동 부족 때문이라고 생
각하는 사람들은 음식 섭취량에 크게 주의하지 않는 것으
로 나타났다.

연구진은 이어 후속 연구를 시행했다. 연구진은 참가자
들에게 초콜릿이 든 컵을 건네며 이것이 앞선 테스트에서
남은 것이라고 설명했다. 그러고 나서 참가자가 참여한 다
른 연구에 대해 이야기를 나누며 주의를 분산시킨 후 참가
자가 생각하는 과체중의 원인이 무엇이냐고 다시 물었다.
그 과정에서 운동 부족이라고 주장한 사람들은 식단 문제
라고 대답한 사람들보다 무의식적으로 더 많은 초콜릿 조
각을 섭취했다.

이러한 메커니즘은 오랜 기간 축적된 확신으로만 생기
는 건 아니다. 일시적인 학습을 통해서도 생길 수 있다. 연

구진은 참가자들을 두 그룹으로 분류한 후, 과체중의 원인에 대한 각각 다른 두 개의 이론이 담긴 종이를 주고 읽게 했다. 그러자 운동 부족 이론이 담긴 내용을 읽은 사람들은 식단 이론에 관한 내용을 읽은 사람들보다 더 많은 초콜릿을 섭취했다.

특정 논리에서 비롯된 확신은 실제로 그 사람의 과체중 여부에 지대한 영향을 미친다. 그리고 그 결과는 건강검진 기관에서 확인할 수 있다.

038

건강해지는 생각

신체와 정신이 서로 독립적이라고 생각하는가? 아니면 서로 떼려야 뗄 수 없는 하나인 것 같은가? 사뭇 추상적으로 들릴 수도 있는 질문이지만, 어떻게 대답하느냐에 따라 꽤 구체적인 일이 일어난다.

퀼른대학교의 심리학자들은 자기 몸을 그저 껍데기로만 여기는 사람일수록 자신의 신체를 제대로 보살피지 않을 거라고 가정했다. 이 가설을 입증하기 위해 연구진은 실험 참가자들을 두 그룹으로 분류했다. 한 그룹은 신체와 정신이 서로 독립된 두 개의 개체라고 설명하는 글을 읽었고

(심신이원론), 또 다른 그룹은 신체와 정신이 동일한 본질로 구성된 것이라고 설명하는 글을 읽었다(물리주의). 그런 뒤 연구진은 신체와 정신의 관계를 나타내는 다양한 다이어그램을 보여주며 그중 참가자의 생각과 부합하는 그림을 고르라고 지시했다. 각각의 다이어그램은 두 개의 원이 겹쳐져 있었는데, 실제로 심신이원론에 관한 글을 읽은 참가자들은 물리주의 이론을 읽은 참가자들에 비해 두 원이 비교적 덜 겹쳐진 다이어그램을 선택했다.

이어서 참가자들은 식습관, 건강검진, 스포츠처럼 건강 관련 행동을 생활 속에서 얼마나 실천하는지 체크했다. 신체와 정신이 각각 독립된 존재라고 생각하는 사람들은 신체와 정신을 하나로 간주하는 참가자들에 비해 "항상 체지방이 얼마나 늘었는지 주의해요" 또는 "규칙적으로 조깅을 합니다"와 같은 문항에 그렇다고 체크하는 수가 적었다.

연구진은 신체와 정신에 대한 이원론적 인식이 특정 건강 행위에 얼마나 영향을 미치는지 알아보기 위해 두 번째 실험을 진행했다. 앞서 설명한 실험에 활용된 텍스트를 읽고 심신이원론을 신뢰하게 된 참가자들은, 신체와 정신이 하나라고 생각하게 된 사람들보다 건강하지 않은 식재

료(바비큐나 디저트)가 들어간 요리책을 더 자주 들여다봤고, 점심시간에도 건강에 해롭거나 고칼로리인 음식을 선택했다.

그러므로 신체와 정신을 하나로 보는 인식을 키운다면 건강한 생활 방식에 대한 동기부여가 작용해 당장은 바뀌지 않더라도 점차 변화할 수 있다. "건강한 신체에 건강한 정신이 깃든다Mens sana in corpore sano"라는 로마 시대의 지혜는 지금도 여전히 유효하다.

039

레드가 이긴다

동물의 왕국에서 붉은색은 특히 성호르몬인 테스토스테론에 영향을 미친다. 이는 비단 동물의 왕국뿐만이 아니다. 테스토스테론은 지배욕이나 공격성과 같은 전형적인 남성적 특성에도 영향을 미친다. 심지어 인위적으로 붉은색의 비율을 높여도 테스토스테론 수치가 증가한다. 금화조의 다리에 다양한 색상의 밴드를 붙인 후 나타나는 행동을 관찰하는 실험을 했는데, 붉은색 밴드를 붙였을 때 지배적인 행동을 보이는 것을 확인할 수 있었다.

영국의 한 연구팀은 붉은색에 운동 능력을 향상시키는

기능이 있는지 알아보기 위해 2004년 올림픽의 격투기 종목을 조사했다. 권투와 태권도의 경우 양 선수가 파란색 아니면 붉은색 선수복을 입고 경기를 했는데, 실제로 파란색보다 붉은색 장비를 착용한 선수들이 승리하는 횟수가 더 높았다. 이러한 결과는 권투와 태권도뿐만 아니라 연구진이 조사한 격투기 전반에서 나타났다. 물론 선수의 올림픽 출전과 경기 우승을 좌우하는 요소는 선수의 근력, 속도 및 유사 역량임은 분명하다. 그러나 모든 요소가 막상막하인 상대 선수와 마주했을 때는 '레드red'가 승리에 결정적인 영향을 미친 것으로 보인다.

또한 이러한 결과가 팀 스포츠에도 적용된다는 것이 2004년 유럽 축구 선수권(EM 2004)을 통해 증명되었다. 연구팀은 주로 레드 유니폼을 착용하는 5개국의 대표팀을 대상으로 레드 유니폼과 다른 색상의 유니폼을 착용했을 때의 경기력을 분석했다. 그 결과 모든 대표팀이 레드 유니폼을 입은 날 승리하는 경우가 더 많았으며, 훨씬 많은 골을 달성했다.

실제로 지금까지 달성한 스포츠 성과를 보더라도 붉은색의 위력을 알 수 있다. F1 역사상 가장 강력한 우승팀인

페라리의 레드, 영국 프리미어리그의 기록 제조기 맨체스터 유나이티드와 리버풀의 레드 유니폼, 스위스의 테니스 선수 로저 페더러도 2009년 US 오픈에서 레드 티셔츠를 입고 노바크 조코비치를 상대로 우승을 거머쥐었다. 승리의 영역으로 들어가고 싶다면, 레드를 선택해라.

040

멀고 넓게 생각하라

무엇을 하든 창의성은 매우 중요하다. 창의성은 일상에서도 매우 유용할 뿐만 아니라 정치, 사회, 경제, 과학, 예술 등 모든 분야의 도전 과제에서 핵심 역할을 한다. 그렇다면 사람들은 언제 가장 창의적일까?

심리학자들은 '거리'가 창의적 해법을 찾는 데 도움이 된다는 것을 발견했다. 실험의 참가자들은 창의력을 요구하는 다양한 문제를 풀었다. 그중 특정 목적지에 도착하기 위해 사용할 수 있는 교통수단을 최대한 많이 언급해야 하는 과제가 있었다. 이때 목적지는 가까운 곳으로도, 멀리 있는 곳으로도 주어졌다. 즉 일부 참가자들에게는 그 과제가 같은 도시 내에서 시행될 거라고 했고, 또 다른 참가자들에게는 수천 킬로미터 떨어진 다른 주에서 시행될 거라고 했다. 이 실험을 통해 연구진은 물리적으로 서로 다른 거리가 실제로 창의적 성과에 영향을 미친다는 것을 입증할 수 있었다. 목적지가 먼 곳에 있다고 판단한 참가자들이 훨씬 더 많은 아이디어를 냈으며, 공간적으로 가까운 곳까지의 과제를 수행해야 하는 참가자들에 비해 아이디어가 훨씬 독창적이었다. 왜 그런 걸까?

직접 시도해보면 알 수 있다. 자전거, 자동차, 기차, 비행기 등 다양한 교통수단들 중에서 어떤 목적지에 도착하는 데 필요한 수단을 열거하려고 하면 주로 '근처에 있는' 교통수단을 떠올리게 될 것이다. 더 많은 교통수단을 찾고 싶으면 목적지를 더 멀리 설정해보자. 공간적 또는 시간적 거리가 벌어질수록 아이디어는 확장된다. 가깝고 구체적인 것에 집중하면 그만큼 시야가 좁아진다.

지금과 같은 글로벌 시대에 다문화적 환경에서 사업을 하는 국제 기업이라면 이러한 사실이 유용하게 다가올 것이다. 물론 물리적 거리가 멀어질수록 소통은 어려워질 수

도 있지만, 광범위하게 협업하는 일이 늘어날수록 창의적
으로 접근하고 사고하는 습관을 기를 수 있는 기회도 늘어
날 것이다.

이상하고 착한 마음들

:도덕과 가치

041

착한 소비의 두 얼굴

행복한 암탉이 낳은 달걀을 구매하면 마음이 좀 편해지는가? 물론 고귀하고 선한 취지에서 비롯된 선택일 것이다. 그렇다면 친환경 제품을 구매하는 사람의 윤리 의식이 평균보다 높다고 할 수 있을까?

심리학자 니나 마자르Nina Mazar와 첸보 중Chenbo Zhong은 실험 참가자들에게 온라인 쇼핑 목록을 선택하라고 요청했다. 이때 한 그룹은 쇼핑 목록에 보다 많은 친환경 상품을 채우게 했고, 다른 한 그룹은 친환경과는 관련 없는 기성 제품을 선택하여 장바구니를 채우게 했다. 그 후, 모든 참가자들에게 크지 않은 액수의 돈을 주며 그 돈을 다른 한 사람과 나누어 가지도록 했다. 이때 친환경 상품을 선택한 그룹은 일반 상품을 구매한 그룹보다 자신의 몫으로 더 많은 돈을 챙겼다. 윤리적으로 흠잡을 데가 없는 상품을 구매한 참가자들이 윤리적 측면을 전혀 고려하지 않고 구매한 사람들에 비해 사회성이 조금 더 낮은 것으로 조사되었다.

후속 연구에서는 그보다 더 심각한 상황이 관찰되었다. 친환경 상품을 선택한 그룹은 돈을 더 챙기는 데서 그치지 않고 거짓말을 하고 소액을 가로채는 일까지 서슴지 않았던 것이다. 그 참가자들은 더 많은 금액을 할당받으려고 고의적으로 사실과 다른 답변을 내놓거나, 지출 경비를 받을 때 실제 액수보다 더 많은 금액을 취했다.

여기서 참으로 흥미로운 점은 참가자들이 쇼핑 목록을 보고 실제로 상품을 선택했을 때만 그러한 행동을 보였으며, 단순히 쇼핑 목록을 읽기만 했을 때에는 그러지 않았다는 것이다. 또한 상품을 평가만 해야 하는 상황에서는 친환경 상품을 평가한 사람들이 훨씬 더 윤리적인 태도를 취했다.

이러한 현상은 친환경 제품을 보는 순간 내면의 윤리적 감각이 활성화되면서 그것에 우리 행동이 좌우된다는 것을 설명한다. 따라서 윤리적인 친환경 제품을 구매하는 순간 우리는 일종의 '양심 신용moral credit'을 쌓은 것이다. 손수 친환경 제품을 선택하고 구매 결정을 내리는 순간 그로써 자신의 윤리적 양심을 충족시켰기에 평소에 그것보다 덜 윤리적인 행동을 하게 된다. 친환경 달걀은 암탉을 행복하게 할지는 모르지만 구매자를 더 나은 사람으로 만들어주지는 못한다.

042

이기적인 것이 이타적이다

세계를 강타한 금융 위기와 같이 모두가 힘든 시기에는 자신의 이익만 추구하기보다 도덕적 가치를 생각해야 한 다는 호소가 들리곤 한다. 하지만 이러한 호소가 실제로 우리 사회에 도움이 될까?

심리학자 데일 밀러Dale Miller는 서양의 효과적인 사회 규 범이 사실은 개인의 이익 추구를 우선시하고 있다는 도발 적인 가설을 발표했다. 그는 개인의 이익이 인간 행동의 핵심 동기일 뿐만 아니라 그래야 한다고 주장했다. 우리는 규범을 벗어나 남과 다르게 행동하는 사람을 비합리적이라고 생각하지만, 이런 생각은 오히려 보편적인 규범이 본인의 이익과 부합되지 않으면 자신의 동기를 숨기며 이타적인 행동을 거부하는 현상을 불러올 수 있다는 것이다.

밀러는 동료들과 함께 이와 관련된 두 가지 실험을 시행했고, 사람들은 대체로 이기적인 행동으로 '위장'이 가능할 때 비로소 이타적인 행동에 참여할 마음이 생긴다는 것을 입증했다. 실험의 첫 번째 단계로 연구진은 실험에 참가한 학생들에게 기부를 요청했다. 일부에게는 단순히 자선 단체에 기부할 것을 요청했고, 다른 일부에게는 수익금이 자선 단체에 전달되는 양초를 구매해달라고 부탁했다. 도움을 필요로 하는 이들, 즉 기부받을 사람들에 대한 설명을 어떻게 하느냐에 따라 절실한 정도는 달랐지만, 결과적으로 학생들은 단순한 기부보다는 실질적인 물건을 구매하여 필요한 사람에게 전달하는 방식을 선호했다. 평소에 정말 필요할 때만 구매할 만한 물건이었으므로 단순히 해당 물건에 대한 관심 때문에 구매한 것은 아니었다. 연구진은 이러한 '허위fiction 구매'가 본인의 이타적 행동을 타인과 자신의 이목으로부터 개인의 관심사로 위장해주기 때문이라고 해석했다.

두 번째 실험에서는 판매 가격을 다양하게 분류했다. 첫 번째 그룹에는 구매해야 할 물건 값을 저렴한 금액으로, 두 번째 그룹에는 적당한 가격으로, 그리고 세 번째 그룹에는 평균 구매 가격을 살짝 상회하는 조금 높은 가격으로 판매했다. 그러나 제품을 구매함으로써 기부되는 금액은 동일했다. 또한 이 실험에서는 도움이 필요한 정도나 절실함에도 차이를 두었다.

　연구 결과, 도움이 크게 필요하지 않은 경우 가격 표시는 기부 의사에 아무런 영향을 미치지 않았다. 반면 도움이 절실한 상황일 때는 가장 저렴한 가격의 상품을 구매하여 기부하는 사람들의 수가 증가했다. 연구진은 도움이 필요한 대상의 고난과 시련이 이타적인 동기를 일깨우고 도움을 주려는 친절을 자극하기는 하지만, 다수의 사람들이 '돕는 행동', 즉 이타적인 행동을 자신의 이익을 위한 것으로 정당화할 수 있을 때 행동을 실행한다고 보았다.

　결과만 보면 이런 생각이 든다. 어쩌면 개인의 이익을 추구하는 우리의 행동이 사실은 사회의 기대에도 부응하는 것은 아닐까?

043

노인이 청년보다 관대할까?

　사람이라면 거의 누구나 타인과 세상을 위해 선행을 하고 싶어 한다. 하지만 막상 그럴 기회가 생기면 자신의 이익을 우선시한다. 공정무역 티셔츠가 '메이드 인 방글라데시'가 찍힌 유사품에 비해 값이 두 배이다 보니 결국 손이 가는 것은 저렴한 상품인 것이다.

　심리학자들은 이 도덕적 이분법을 더 자세히 살펴보기 위해 실험을 시행했다. 컴퓨터 게임에 참여한 청년, 중년, 노년층 참가자들은 사과 과수원의 소유주가 되어 친환경적으로 재배할 것인지 아니면 환경을 희생시켜 개인의 이

윤을 극대화할지 결정했다. 게임으로 번 돈은 실험 참가자들에게 현금으로 환산하여 지급했으며, 게임은 20회의 수확기 동안 진행되었다. 또한 실험 참가자들은 사과 과수원의 수확량을 늘리기에 앞서 매년 살충제 사용 여부와 사용량을 정해야 했다. 청년 참가자들이 경제적 이윤을 극대화하려는 경향이 있었다면 노인 참가자들은 무엇보다 농장의 친환경적 여건에 관심을 보였다.

이어진 실험에서 참가자들은 과수원 게임으로 번 돈을 자신에게 쓸 것인지 아니면 선한 취지로 기부할 것인지 다시금 결정해야 하는 선택의 기로에 놓였다. 여기에서도 잿빛 머리의 노인 참가자들은 청년 참가자들에 비해 이타적으로 행동하며 돈을 기부하는 데 망설임이 없었다.

마지막 실험에서 연구진은 참가자들 절반에게 내일 있을 일과(단기적 시점), 그리고 5~10년간 이어갈 일과(장기적 시점)에 대해 설명해달라고 부탁했다. 장기적 시점에서 청년들은 눈에 띄는 특징이 없이 평범했지만 노인들의 경우 장기적 시점이 되자 기부 활동이 감소했다. 또한 노인 참가자들 대다수의 전형적인 시점인 단기적 시점을 청년 참가자들이 갖게 해도 기부 횟수에는 변화가 없었다. 단기적 시점이란 비단 노인들을 위한 것이며, 청년들에게 이타적 행동은 그리 중요하지 않은 것으로 보인다.

　나이가 들수록 이기적이게 된다고는 할 수 없다. 남은 수명이 그 사람의 목표를 이루기에 턱없이 부족해 보여 절박해도 마찬가지다. 일반적으로 나이가 들면 들수록 이타적이 된다. 왜냐하면 자신을 위해 쓸 수 있는 자원을 축적하는 것은 갈수록 그 가치가 희미해지다가 어느 순간 다른 가치가 더 중요해지기 때문이다. 그리고 그 가치는 꼭 행동으로 옮겨야만 한다는 걸 깨닫게 된다.

044

육식 애호가의 불안

일반적으로 채식주의자들은 육식을 좋아하는 사람들에게 그리 환영받지 못한다. 때때로 채식주의자들은 비웃음을 당하거나 위선적인 박애주의자로 평가절하당하기도 한다. 하지만 따지고 보면 육식 애호가들은 오히려 그들에게 감사해야 한다. 어쨌든 채식주의자들이 고기를 거부한 탓에 이득을 보는 것은 바로 그들이기 때문이다. 그런데도 왜 그렇게 육식 애호가들은 채식주의자를 못마땅하게 여기는 걸까?

심리학자 줄리아 민슨Julia Minson과 브누아 모닌Benoit Monin은 먼저 육식 애호가들에게 채식주의자들이 자신들을 얼마나 윤리적으로 생각할지 예상하게 한 다음, 채식주의자들을 떠올릴 때 연상되는 표현 세 개를 말하게 했다. 그 결과 채식주의자가 자신을 비윤리적으로 평가할 거라고 추측할수록 그들을 떠올리는 표현이 보다 부정적인 것으로 나타났다('독선적', '짜증나는', '정신 나간'……). 즉 육식을 즐기는 사람들이 채식주의자들에게 평가받는 것을 꺼려할수록 표현이 훨씬 더 부정적으로 나타났다.

민슨과 모닌은 두 번째 실험에서 육식 애호가들을 두 그룹으로 분류했다. 첫 번째 그룹은 우선 채식주의자들이 자신들을 윤리적으로 어떻게 평가할지 생각했다. 그런 다음 채식주의자들을 표현하는 여러 성향('친절한' 또는 '이기적인', '어리석음' 또는 '지적인' 등)을 떠올려보았다. 두 번째 그룹은 역순으로 시행했다. 즉 그들이 먼저 채식주의자들을 표현하는 성향을 떠올리며 그들을 평가했고, 그 전에 자신이 어떻게 평가될지는 생각하지 않았다.

결과는 예상대로였다. 채식주의자를 폄하하는 태도는 첫 번째 그룹, 자신이 어떻게 평가될지 먼저 생각해보고 자존심에 위협을 느낀 이들에게서만 나타났다. 다수의 육식 애호가들은 채식주의자들에게 자신들이 비윤리적으로 비춰질 것을 두려워한 나머지 '공격이 최고의 방어'라는 좌우명에 따라 먼저 상대를 폄하한 것이다.

또한 여기서 첫 번째 실험에 참가한 육식 애호가들 중 절반이 채식주의자와 부정적인 표현을 연관시키지 않았다는 사실도 짚고 넘어가려 한다. 다행히 채식주의자와 육식 애호가의 골은 그리 깊지 않은 것으로 보인다. 한편 이러한 육식파의 막연한 두려움이 그들의 경솔한 행동을 정당화할 수 있는지는 의문이다. 민슨과 모닌은 채식주의자들을 대상으로도 동일한 설문조사를 실시했는데, 육식파에 대한 채식주의자들의 평가는 육식파가 우려하던 것에 비해 전반적으로 온건했다.

045

피곤하면
착하게 살기 힘들다

계산대를 빠져나와 물건들을 장바구니에 담으려고 하
는데 쇼핑 카트 한구석에 결제하지 않은 샤워 젤이 놓여
있다. 어떻게 할 것인가? 그대로 뒤돌아 계산대로 다시 갈
지는 개인의 도덕성, 그날의 컨디션에 달려 있다.

정직한 행동을 하려면 어느 정도 자제력이 필요하기 때
문에, 심리학자들은 심신이 피로하면 부정직해질 가능성
이 높다고 생각했다. 이를 확인하기 위해 연구팀은 실험
참가자들에게 자제력이 필요한 어려운 과제를 풀게 했다.
참가자들은 매우 어려운 수학 문제를 풀어야 했는데, 5분

후 자신이 몇 문제를 맞혔는지 보고한 뒤 정답을 맞힌 만큼 소액의 상금을 받기로 했다. 채점을 마친 뒤 시험지를 폐기하고 봉투에서 상금을 직접 꺼내가는 방식이었다. 참가자들이 점수를 직접 채점하여 보고하기 때문에 연구진은 참가자들의 실제 점수를 알 수 없고, 나중에 봉투에 남은 금액만 확인할 수 있었다. 다시 말해 참가자들은 자신들이 정직하게 행동하는지 확인할 방법이 없다는 사실을 알고 있었다.

이 테스트 결과는 어려운 문제를 풀면서 자제력이 떨어진 사람들이 대부분 교묘히 속이려는 유혹에 휩쓸렸다는 사실을 보여주었다. 어려운 수학 문제를 푼 참가자들 앞에 놓인 봉투에 남겨진 돈이 그러지 않은 비교 집단의 것에 비해 80퍼센트나 추가로 사라져 있었다.

자제력이 정상 범주에서 벗어나면 사람들은 기만하는 경향을 보였다. 이번에는 속이기 쉬운 환경일수록 더 잘 속이려 하는지 연구하기 위한 두 번째 테스트가 시행되었다. 이 실험에 참가한 학생들도 먼저 어렵고 자제력을 요구하는 과제를 풀어야 했다. 그런 다음 참가자들은 주어진 여러 질문에 대한 답안지를 제출했다. 참가자들은 빈 답안지와 정답이 표기된 답안지 중 하나를 선택하여 제출할 수 있었고, 정답을 맞히면 소정의 상금이 지급되었다. 예상대로 어려운 과제를 푸느라 자제력이 떨어진 참가자들은 (74퍼센트) 그렇지 않은 비교 집단(40퍼센트)에 비해 정답이 표기된 답안지를 선택해 제출하고 상금을 가져갔다.

그러므로 윤리적이고 정직하게 행동하려면 어느 정도 자제력을 발휘할 수 있는 에너지가 필요하다. 심리학은 피로와 기만의 상관관계를 입증할 수는 있지만, 그것이 전부는 아니며 기만의 변명이 될 수 있는 것은 더더욱 아니다.

046

창의성,
훌륭하거나 위험하거나

일반적으로 창의성은 긍정적인 특성으로 평가받는다. 무엇보다 인류의 발전에 지대한 공헌을 했기 때문이다. 문제가 생길 때마다 효율적이고 유연한 해결을 유도한 창의적 사고 덕분에 인류는 거듭 전진할 수 있었다. 하지만 이런 창의성에도 어두운 면이 존재한다.

일반적으로 사람은 선한 모습을 유지하고 싶어 한다. 자신이 나쁜 사람이라고 생각하는 것을 좋아하는 사람은 없을 것이다. 한편 사람들은 언제나 개인의 가치와 이득을 극대화하려고 노력한다. 그 과정에서 윤리에 위배되는 듯한 감정이 생기고 그것은 종종 행동으로 이어지기도 한다. 그럴 때마다 사람들은 자존감을 보호하기 위해 자기 행동을 계속 정당화하려고 애를 쓴다.

그리고 이 시점에 등장하는 것이 바로 창의성이다. 미국의 두 심리학자는 여러 연구를 통해 창의적 성향을 지닌 사람들이 창의력이 부족한 사람에 비해 타인을 속이려는 경향이 있다는 것을 발견했다. 이를테면 창의적인 직업을 가진 사람들은 그보다 덜 창의적인 직군에서 일하는 사람에 비해 솔직하지 않다는 것이다. 실제로 이어진 후속 연구에서도 그러한 모습이 관찰됐다. 창의적인 참가자들은 창의력이 부족한 사람들에 비해 솔직함이 부족했다. 하지만 그것이 창의성 문제이든, 정직하지 못한 태도 문제이든 지성과는 관련이 없었다.

또 다른 연구에서는 참가자들에게 최대한 창의적 사고를 하도록 격려했다. 그 그룹은 전혀 창의적이지 못한 통제 그룹과 비교했을 때 주어진 과제를 해결하는 데 기꺼이 속임수를 쓸 준비가 되어 있었다. 연구팀은 이런 현상을 창의적 사고의 소유자들이 자신의 부정직한 행동을 정당화하는 데 그 능력을 발휘하는 것이라고 설명했다. 어찌 보면 그 또한 또 다른 형태의 창의성이라 할 수 있을 것이다.

그러므로 창의성 그 자체만으로 좋다, 나쁘다고 단정 지을 수는 없다. 창의적인 발상은 노벨상을 받게 하거나 감옥으로 인도한다. 결국 이 모든 것은 어떤 방향으로 나아갈지 각자의 선택에 달렸다.

047

좋은 일을 하면
좋은 일이 생길까?

한번 이렇게 상상해보자. 지금 당신은 중요한 면접을 보러 가는 길이다. 잠재적 고용주를 만나러 가는 길에 돈을 구걸하는 노숙자를 만났다. 당신이라면 어떻게 하겠는가? 착한 마음으로 선행을 하면 새 직장을 구할 가능성도 높아지지는 않을까?

바라는 것이 온전히 우리 힘만으로 이뤄지지 않을 때가 있다. 심리학자 벤자민 컨버스Benjamin A. Converse와 제인 라이즌Jane L. Risen, 트레비스 카터Travis J. Carter는 사람들이 그럴 때 자신의 운명에 좋은 일이 일어나기를 바라며 특정 행동을 하거나, 자신의 선한 행동이 카르마(업보)에 긍정적인 영향을 미칠 거라고 생각한다는 것을 관찰했다. 실제로 많은 사람들이 선한 사람에게는 살면서 좋은 일이 생긴다는 생각을 가지고 있었다.

실제로 연구진의 실험에 참여한 참가자들은 직접 나서서 도울 여건이 되지 않는다면 자선 단체에 기부금이라도 낼 생각이라고 대답했다. 하지만 주로 일상적인 루틴을 설명하던 참가자들은 사실상 기부금을 낼 의향이 비교적 적은 편이었다. 그들은 단순히 '기분이 좋다'는 이유로 기부라는 선행을 하려는 것은 아니었으며, '선행' 그 자체를 실천하고 싶어 했다. 하지만 그런 충동이 사라지는 순간 선행을 실천하는 일에 큰 관심을 보이지 않았다. 그것이 아무리 즐거운 일이라고 한들 마찬가지였다.

이어서 연구진은 취업박람회에서 조사를 진행하고 일어나는 현상을 관찰했다. 연구진은 구직자들을 대상으로 구직 활동의 통제 가능한 측면(직업에 관한 정보 수집 기능)이나 통제할 수 없는 측면(적절한 구인 정보가 있는지 여부)에 관한 설문조사를 시행했다. 그리고 설문조사에 응해준 답례로 응답자들에게 상금이 100달러인 복권을 선물한 후 그들에게 만약 상금을 탄다면 선한 일에 쓸 의향이 얼마나 있는지 물었다. 그러자 통제할 수 없는 상황적 요인에 집중했던 구직자들은 그러지 않은 사람보다 더 큰 액수를 기부하려는 의사를 보였다. 즉 그들은 구직 활동의 통제 가능한 측면을 중시한 사람들보다 평균 15달러 정도를 더 기부하겠다고 밝혔다. 또한 실제로 돈을 기부한 사람들은 직장을 구할 때 훨씬 낙관적이었다.

선한 마음으로 운명에 맞선다는 발상은 마법 같기도 하다. 스포츠 팬이 응원하는 팀의 우승을 기원하기 위해 그들만의 루틴을 챙기는 것처럼 많은 사람들이 선행을 하면 복을 받는다는 직관을 따른다.

048

연민의 장벽

우리는 종종 자연 재해, 기근, 전쟁 범죄로 피해를 입은 사람들의 참혹한 사진을 접하곤 한다. 직관적으로 생각해 보면 희생자의 수가 많으면 많을수록 연민도 클 것 같다. 하지만 실상은 그렇지 않다. 개인이 겪는 고통에는 크게 공감하면서도 다수의 희생자와 마주했을 때 우리가 느끼는 심리적 반응은 그렇지 않다. 연민이라는 감정은 한정적인 걸까?

심리학자 대릴 캐머런Daryl Cameron과 키스 페인Keith Payne은 연구에 참여한 참가자들에게 평소에 감정을 얼마나 잘 조절하는 편인지 질문했다. 그런 다음 피난민 참사를 겪은 희생자 한 명과 여덟 명의 사진을 각각 보여주었다. 평소에 감정을 잘 조절한다고 답했던 사람들은 실제로 여덟 명의 희생자 사진에서는 연민을 그리 크게 느끼지 않는 듯했지만, 희생자 한 명만 등장하는 사진에서는 차마 비통한 감정을 추스르지 못했다. 한 사람의 참혹한 운명이 여러 사람이 겪는 고통보다 훨씬 와닿았던 것일까. 사실 이런 반응은 '나'라는 한 사람이 여러 사람이 겪은 불행에 감정적으로 압도당하는 것을 방지하려는 마음에서 비롯된 조치다.

계속 이어진 연구에서 연구진은 실험 참가자들 절반에게 참혹한 난민들의 실상이 담긴 사진을 보며 떠오르는 대로 자유롭게 감정을 느껴볼 것을 요청했다. 그리고 나머지 절반에게는 최대한 감정을 절제하고 관찰할 것을 요청했다. 최대한 감정을 조절한 참가자들은 피난민의 불행에 크게 동요하지 않았다. 특히 사진 속 인물이 한 명이 아니라 여러 명일 때 감정을 조절하기가 한결 수월했다고 덧붙였다. 반면 감정을 조절하지 않고 희생자의 참상에 강한 연민을 느꼈던 참가자들은 희생자의 사진을 본 시간이 길수록 감정을 조절했던 참가자 집단의 의견에 동의하지 않았다.

불행을 직면했을 때 드는 부정적인 감정에 거리를 두려고 하는 것은 그런 감정에 매몰될까 봐 두렵기 때문일 것이다. 하지만 불행하게도 그 사실은 기부자의 수가 불우이웃의 수에 비례하지 않는다는 것을 설명해준다.

049

부유할수록 파렴치할까?

국제적 초대형 금융기업 리먼 브러더스가 파산한 후 전 세계에 연쇄적으로 터진 금융 위기의 원인에 관한 많은 논의가 이뤄졌다. 이럴 때 꼭 사람들은 막강한 은행가의 비양심적인 행동을 나무란다. 이는 언제나 있는 클리셰일까? 아니면 실제로 고위 계층의 파렴치하고 비윤리적인 행동이 이런 사태를 야기하는 걸까?

이 질문의 답을 찾기 위해 심리학자 폴 피프Paul K. Piff와 그의 동료들은 샌프란시스코 번화가에서 다른 도로 이용자의 통행 우선권을 침해하며 주행하는 운전자들을 관찰했다. 자동차의 브랜드는 운전자의 사회적 신분을 나타내는 비교적 신뢰할 만한 척도이므로 연구진은 관찰한 차량을 종류별로 구분했다. 실제로 값비싼 자동차를 모는 운전자가 다른 운전자의 도로주행 우선권을 자주 침해했다. 이런 비양심적 행동은 높은 사회적 지위에서 비롯된 것일까? 아니면 그저 무분별한 운전자가 고가의 자동차를 산 것이기 때문일까?

두 번째 연구에서는 참가자들 중 일부에게 사회에서 부유층으로 분류되는 사람들과 자신을 비교하도록 요청했다. 그러자 자신의 사회적 신분을 비교적 낮은 편으로 평가하는 모습이 관찰되었다. 한편 다른 그룹에는 참가자의 신분보다 낮아 보이는 듯한 사회적 빈곤층과 비교할 것을 요청했다. 실제로 자신의 사회적 신분을 상대적으로 높게 인식한 그룹은 사회적 신분이 낮다고 평가한 그룹에 비해 비윤리적 결정을 내리는 경향을 보였다. 실험에서 이들은 아이들을 위해 준비한 사탕 단지에서 눈에 띌 정도로 많은 사탕을 아무 거리낌 없이 꺼내갔다.

이어진 실험에서는 사회적 신분이 높은 사람일수록 탐욕에 대해 긍정적인 태도를 보이는 것으로 나타났다. 그렇지만 상대적으로 사회적 신분이 낮은 사람이더라도 탐욕으로 생길 긍정적인 결과를 깨닫는 순간 비윤리적 행동을 보이기도 했다. 여기서 '탐욕'은 사회적 신분과 비윤리적 행동의 연관성을 설명하기 위한 요인이다.

탐욕과 비윤리적 행동은 누구에게나 나타날 수 있지만 모든 사회 계층이 똑같지는 않은 것으로 보인다. 다시 말해 부유층은 교통 위반으로 내는 범칙금처럼 그들의 행동으로 야기될 부정적인 결과 정도는 태연하게 감수하기도 한다. 또한 부유층은 타인의 눈치를 볼 필요가 적다. 타인의 눈치를 보지 않는 특성은 타인의 의사에 관심을 보이지 않는 태도로 이어진다. 이러한 측면들이 한데 모여 탐욕과 이기주의에 긍정적인 태도를 취하게 한다.

050

남의 불행을
기뻐하는 마음

새로운 정보를 얻고 더 잘하려는 동기를 자극하려 할 때, 때로는 타인과 비교하는 것이 도움이 되는 경우도 있다. 이때 질투, 경시, 남의 불행을 기뻐하는 마음과 같은 감정이 꽤나 '순수한 기쁨'으로 느껴지기도 한다. 타인의 불행에 기쁨을 느낄 때 우리 내면을 자극하는 감정은 무엇일까?

미나 시카라Mina Cikara와 수잔 피스크Susan Fiske는 질투가 비단 대인관계에서 사적으로 생기는 감정일 뿐만 아니라 특정 사회 집단을 평가하는 시선에서 비롯되는 감정일 수도 있다고 생각했다. 사회 집단은 일반적으로 '역량'과 '호감'을 기준으로 평가된다. 예컨대 우리 자신을 고위 계층의 누군가와 비교할 때처럼 사회 집단의 특정 구성원이 '유능'하지만 '비호감'인 상대로 인식될 때 질투라는 감정이 피어오른다. 질투란 동경('나도 그렇게 되고 싶어!')과 시기('너한테는 안 어울려!')가 동시에 존재하는 양가적 감정이다.

한 실험에서 참가자들에게 불행을 겪은 다양한 사람들을 소개했다. 그 결과 실험 참가자들은 사회적 지위가 높은 경쟁 집단의 소속인 누군가에게 그런 일이 생길 경우 기분이 덜 상하는 것으로 나타났다. 또한 참가자들의 얼굴 근육을 분석하자 사회적 지위가 높은 경쟁 집단의 구성원에게 불행이 찾아왔을 경우 더 자주 미소 짓는 것을 확인할 수 있었다.

두 번째 실험에서 연구진은 참가자들에게 대상자의 사회적 신분에 관한 정보를 제공했다. 그러자 상대의 신분이 낮을수록 타인의 불행에 은근히 기뻐하는 감정도 감소하는 것으로 나타났다. 그러므로 타인의 불행을 은근히 즐기는 감정은 주로 우리보다 유능하지만 비호감인 동시에 사회적 지위가 높은 집단의 구성원을 바라볼 때 생긴다. 이 또한 자신이 부족하다는 인식과 타인이 소유한 것을 갖고 싶은 욕구에서 비롯되는 감정으로, 질투와도 연결이 된다. 특히 질투하는 상대에게 닥친 불행을 은근히 기뻐할 때 이런 감정이 발생한다.

착하게 살고 싶은가?

윤리적이고 정직하게 행동하려면
자제력을 발휘할 수 있는
에너지가 필요하다.

051

정직한 거짓말쟁이

칼 테오도르 주 구텐베르크Karl-Theodor zu Guttenberg부터 아네테 샤반Annettte Schavan에 이르기까지 독일은 유명 엘리트 인사들의 논문 표절 스캔들로 시끌벅적했었던 때가 있었다. 하지만 이 인사들은 주변의 엄청난 압박에도 자신의 부정행위를 인정하지 않았다. 그들의 뻔뻔함은 오히려 별 잘못을 저지르지 않고도 죄책감을 느끼는 '가짜 사기꾼'이 무색할 정도였다.

소위 '가면현상imposter phenomenon'은 1978년 로즈 클랜스Rose Clance와 수잔 임스Suzanne Imes가 처음으로 정립한 개념이다.

두 심리학자는 그들을 방문한 내담자들 중 대다수가 평균 이상인 직업을 가졌음에도 스스로 충분하지 않다고 생각하는 모습을 지켜보았다. 그에 따라 뛰어난 재능을 지녔음에도 자신이 이룬 지성과 직업적 성공이 속임수나 운에 의한 것이라고 느끼는 강렬한 감정을 가면현상이라고 정의했다. 특히 이들은 모든 정황이 그렇지 않다고 명확히 입증하고 있어도 주변을 속였다는 감정에서 헤어나지 못했다. 이런 상태에 빠진 사람들은 '난 그저 운이 좋았어', '순전히 우연이었지'라는 말로 자신이 이룬 성공이 온전히 제 몫이 아니라고 설명한다. 이렇게 주변을 속였다는 감정 외에도 고의적인 사기꾼으로 발각될까 봐 우려하는 불안감을 내재하고 있었다.

이러한 사고방식이 정신 건강에 부정적인 결과를 초래한다는 것은 자명하다. 실제로 '가짜 사기꾼'이 느끼는 부정적인 감정은 평균치보다 높았으며 자존감도 훨씬 낮은 것으로 나타났다. 여러 심리학 연구 결과에 따르면 '가짜 사기꾼'은 우울증과 불안을 경험하는 경향이 매우 컸다. 이런 부정적인 감정은 직업적 성과에도 파괴적인 영향을 미치며 그들의 잠재력을 전부 발휘하지 못하도록 훼방한다. 그런데 또 전력을 다하지 않고도 그럭저럭 성과를 이룬다면 또다시 사기꾼이 된 감정에 휩싸일 수 있다.

가면현상은 내면에서 일어나는 심리적 삶이 사람마다 얼마나 다를 수 있는지를 보여준다. 심적으로 아무렇지도 않게 주변을 속이며 커리어를 쌓을 수 있는 사람이 있는가 하면, 부당할 정도로 자신을 탓하고 불안한 상태로 머물며 우울증에 빠져 잠재력을 제대로 펼치지 못하는 사람도 있는 것이다.

'두 번째 부탁'을 이용하라

마음먹고 누군가에게 부탁을 했는데 거절당했다. 다음에 그 사람에게 또 다른 부탁을 할 수 있을까? 아마 쉽게 그러지 못할 것이다.

스탠퍼드대학교의 심리학자 대니얼 뉴어크Daniel Newark와 그의 동료들은 한 번 거절당하더라도 상대의 협조심을 과소평가하지 말아야 한다는 것을 연구를 통해 입증했다. 연구진이 설정해놓은 상황에 맞춰 실험에 참여한 참가자들은 우선 협조를 구하는 입장에서 한 번, 협조를 해주어야 하는 입장에서 또 한 번 생각해야 했다. 또한 연구진은 참가자들에게 처음 도움을 요청한 사람에게 거절한 후 또다시 그 사람에게 도움을 요청받았을 때 무슨 영향이 있었는지 질문했다.

부탁하는 사람은 부탁을 들어주는 사람과 달리 먼저 거절당한 경험 때문에 그 사람이 또 다른 부탁도 들어주지 않을 거라고 짐작하는 경향이 있다. 이러한 생각이 실제로 맞는지 확인하기 위해 심리학자들은 실제 상황을 통해 참가자들의 예측을 테스트했다. 연구진은 참가자들에게 길거리에 서서 낯선 사람에게 한 페이지 분량의 설문조사를 부탁하라고 요청했다. 실험 참가자들은 그들의 요청에 상대가 뭐라고 대답하든 상관없이 그 사람에게 봉투를 우편함에 넣어달라는 또 다른 부탁을 한 번 더 해야 했다.

우선 실험 시작 전 연구진은 참가자들에게 첫 번째 요청을 허락할 것 같은 사람의 수를 예측하게 했다. 그리고 첫 번째 요청에 대답한 뒤 곧바로 두 번째 요청을 들어줄 사람의 수도 가늠하게 했다. 실험 진행자는 참가자들이 행인에게 말을 거는 사이 곁에서 그들의 답변을 기록하며 참가자들의 예측과 실제 반응을 비교했다.

첫 번째 요청을 들어준 사람의 수는 예측과 일치했다.

하지만 첫 번째 요청에서 거절한 후에 두 번째 요청마저 거절한 사람의 수는 예측보다 훨씬 적었다. 예상보다 많은 사람들이 두 번째 요청까지 거절하지는 않았던 것이다.

혹시 기껏 부탁한 상대에게 부탁을 거절당했는가? 그랬더라도 나만 느끼는 회의적 시각을 견뎌내 보자. 한 번 거절당했어도 또 한 번 부탁을 시도해볼 만한 가치가 있는데 그 진가가 제대로 발휘되지 못하고 있다. 또다시 거절해야 하는 상황에서 상대에게 생길 불편한 기분을 이용하라. 누구든 한 번 거절하고 나면 그다음에는 예스라고 답할 가능성이 높다.

053

베풀면 건강해진다

헌신은 착한 사람들만을 위한 것일까? 나의 시간과 에너지를 소모하는데 그 이득을 취하는 것은 결국 다른 누군가이다. 그토록 애썼는데 정작 나에게는 기껏해야 기분이 좋은 것이 전부가 아닌가 하는 생각이 들 수도 있을 것이다.

하지만 봉사나 나눔은 그렇게 간단하게 생각하기 어려운 영역의 문제다. 심리학자들은 서로 돕고 살면 사회에 보탬이 된다는 측면에서 평소 많이 베푸는 사람들이 타인에게 많은 도움을 받는 사람보다 더 장수한다는 것을 발견했다. 어쩌면 이런 말이 비논리적으로 들릴지도 모른다.

위기나 문제 상황이 닥쳤을 때 주변에서 도움을 많이 받는 사람이 손실에 좀 더 잘 대응할 거라고 생각할 수도 있기 때문이다.

결혼한 지 5년 이상 된 노년층의 부부 400쌍을 대상으로 한 연구에서 서로 주고받는 것의 생생한 의미를 다뤘다. 임의 추출 대상에서 이 기간 내에 사망한 사람은 총 134명이었다. 그 결과 친구, 친척이나 이웃, 배우자에게 정서적 버팀목이 된 사람들이 그러지 못한 사람들에 비해 장수했다는 사실이 몹시 인상적이다. 건강이나 관계의 질처럼 수명 연장에 결정적인 다른 영향력을 배제하고도, '나눔'은 긍정적인 영향을 미쳤다.

반면 나눔을 받는 것은 수명에 미미하거나 오히려 부정적인 영향을 미쳤다. 5년간 계속된 연구 기간 동안 주변에서 도움과 지지를 받은 사람의 사망 가능성이 훨씬 높았던 것이다. 물론 애당초 더 많은 돌봄과 지지를 받았던 것 자체가 양호하지 못한 건강 상태 때문이었을 것으로 추정된다.

이 연구를 시행한 심리학자들은 낮은 사망률과 기부의 연관성을 설명하는 정확한 요인을 식별하지는 못했지만, 적어도 그와 관련된 한 가지 설명을 내놓았다. 타인을 향한 헌신으로 생긴 긍정적인 감정은 실제로 건강을 지켜준다. 그러므로 굳이 누군가를 도우며 착한 사람이 되는 일이 내키지 않는다면 나의 건강과 장수를 위해 다시 생각해 보자.

054

갓 태어난 아기도 도리를 안다

어린아이들은 어린이집에서 시작해 더 자라면 학교에서 규칙과 규범을 접한다. 하지만 아이들은 제대로 말을 하기 전부터 윤리적인 방식으로 사고한다. 심리학자들은 아기들이 미처 두 번째 생일을 맞이하기도 전에 공정이라는 개념을 터득한다는 사실을 발견했다.

이 놀라운 현상은 한 실험에서 관찰되었다. 실험 관찰자는 19개월에서 21개월 사이의 유아들이 두 개의 기린 손가락 인형 사이에 놓인 장난감을 어떻게 분배하는지 옆에서 지켜보았다. 아이들이 보는 '손가락 기린'들은 기대감에 들

떠 있는 상태였다. 한쪽에서는 두 기린에게 똑같이 장난감을 분배하고, 다른 한쪽에서는 한 기린에게만 장난감을 모두 주었다. 실험자가 자리를 떠난 후 아이들이 이 장면을 얼마나 오랫동안 관찰하는지 측정했다. 예상처럼 아이들은 빠르게 흥미를 잃었지만, 예기치 못한 상황이 이어지자 계속 상황을 관망했다. 아이들은 공평하게 분배될 때보다 공평하게 분배되지 않을 때 훨씬 더 흥미를 보이며 사태를 지켜본 것이다. 어린아이들은 각각의 두 기린이 장난감을 똑같이 하나씩 받을 거라고 예상했지만 정작 상황이 기대와 다르게 흘러가자 매우 놀란 기색을 띠었다. 요컨대 아이들은 그 상황에서 무엇이 공정한지 제대로 파악하고 있었던 것이다.

두 번째 실험에서 아이들은 다음과 같은 장면을 지켜봤다. 실험 진행자는 두 여성에게 주변에 어질러진 장난감을 치우라고 요구했다. 그 보상은 칭찬 스티커였다. 이윽고 두 여성은 정리를 시작했다. 첫 번째 장면에서는 두 여성이 모두 적극적으로 정리했고, 두 번째 장면에서는 한 여성이 열심히 치우는 동안 다른 한 여성은 거의 아무것도 하지 않았다. 두 번째 장면이 끝난 후 전혀 공평하지 않은 상황에서 똑같이 칭찬 스티커를 배부하자 아이들은 두 여성이 서로 협력하며 함께 정리 정돈을 했을 때보다 그 모습에 더 유심히 주목했다.

어린아이들의 윤리적 기대는 어떻게 생긴 걸까? 한 가지 가능성은 바로 태어날 때부터 타고난다는 것이다. 물론 일상에서 사회적 모습을 관찰하며 공정하고 부당한 것을 판단하는 사고가 형성되었을 가능성도 있다. 선천적이든 후천적이든 공정성에 관한 사고가 완성되었다고 해서 반드시 공정한 행동으로 이어지는 것은 아니다. 실험에 참가한 어린아이들보다 연령이 조금 더 있는 어린이들은 원하는 물건을 나누는 상황에서 가능한 한 자신에게 유리한 방향으로 분배한다. 그런 태도는 실험실이든 실제 생활이든 언제나 동일하다.

055

죄책감과 손 씻기

남편을 선동하여 던컨 왕을 살해한 레이디 맥베스는 어떻게 해도 두 손에 묻은 핏자국이 씻겨나가지 않는 망상에 사로잡힌다. 오히려 손을 씻을 때마다 죄책감이 끈적하게 달라붙는다. 이런 모습은 셰익스피어의 작중 연출법에 불과한 걸까? 실제로 도덕적 순결을 바라는 열망이 손을 씻으려는 충동으로 이어질 수 있을까?

심리학자 첸보 중과 케이티 릴젠퀴스트Katie Liljenquist 는 몸을 씻는 행위와 윤리적 감정의 연관성을 연구했다. 과거에 했던 부도덕한 행동을 떠올린 실험 참가자들은 낱말을 완성할 때 주로 씻는 것과 관련된 낱말을 선택했다. 이를테면 'Se'로 시작하는 경우 비누를 뜻하는 'Seife'와 결합했다. 반면 도덕적인 행동을 떠올린 참가자의 행동은 그렇지 않았다. 비도덕적 행동을 떠올린 사람들은 연구에 참여한 대가로 제공되는 선물을 선택할 때도 볼펜보다는 항균 물티슈를 선호했다. 연구진은 부도덕한 행동을 원상 복구할 대안이 없을 때 무언가를 씻는 행위가 도덕적인 나를 되찾아가는 과정에 기여하는 것이라고 가정했다. 물리적인 정화를 통해 도덕적 자아를 안정시키면 양심을 회복하기 위해 또 다른 도덕적인 행동을 하지 않아도 된다고 생각한다는 것이다.

연구진은 두 번째 실험에서 이 가정을 입증할 수 있었다. 실험 진행자는 다시 한 번 참가자들에게 도덕성이 의심되는 행동을 했던 일을 떠올려보라고 요구했다. 그 후 참가자들 중 일부에게만 항균 물티슈로 손을 닦을 기회를 주었다. 그러자 손을 닦은 참가자들은 그러지 못한 참가자들에 비해 도덕적 행동에 대한 참여가 줄었다. 손을 닦은 그룹은 세정이라는 상징을 통해 과거에 했던 부도덕한 행동이 해소되었다고 느꼈던 것이다. 반면 손을 닦지 않은 그룹은

그 이후 도덕적인 행동에 적극 협조하면서 양심적 자아를
회복하려 했다.

056

사형 선고는 정의로운가

　일반적으로 사형 옹호자들은 사형이 집행되어도 전혀 부족함이 없을 법한 극악무도한 학대와 살인 사건을 예로 들며 사형을 찬성한다. 이들이 주장하는 논리는 아주 간단하다. "눈에는 눈, 이에는 이."

　하지만 사람의 눈과 치아의 모양은 전부 제각각이다. 심리학자들은 이러한 판결에 특정 인종인지의 여부가 큰 영향을 미친다는 사실을 발견했다. 용의자의 피부색이 어두울수록 범죄를 저질렀을 것으로 의심받았다. 심리학자 제니퍼 에버하트Jennifer L. Eberhart의 연구팀은 외형에 관한 고정관념이 사형 판결에 영향을 미치는지 연구했다. 이를 위해 연구팀은 1979년에서 1999년 사이에 필라델피아에서 살인을 저지른 용의자의 사진을 조사했다. 참고한 용의자는 전부 아프리카계 미국인이었다.

연구팀은 수십 명의 실험 참가자들에게 용의자들의 사진을 보여주며 판결을 요청했다. 외모에 대한 편견(넓은 코, 커다란 입술, 어두운 피부색)이 그 사람을 평가하는 데 어떤 식으로 적용되는지 확인하기 위해서였다. 그 결과는 놀라웠다. 사형에 영향을 줄 만한 결정적인 요인들(가중 또는 경감 배경, 살인의 심각성, 가해자와 피의자의 사회경제적 상태)을 모두 배제하고 진행했음에도 백인 피해자를 살인한 가해자의 외모가 전형적인 어두운 피부인 경우(57.8퍼센트) 그렇지 않을 때(24.4퍼센트)보다 사형 판결을 받을 확률이 두 배 이상 높은 것으로 나타났다.

게다가 이러한 차이는 피해자가 백인일 경우에만 나타났다. 피해자가 흑인일 경우 가해자의 외모는 아무 영향도 미치지 않았다. 연구팀은 이런 차이에 대하여 특정 인종에 관한 고정관념이 특히 대인관계 문제에서 더욱 폐쇄적으로 변한다고 설명했다. 또한 피해자가 유색인종이면 백인

일 때보다 사건은 더 빠르게 자기 책임으로 종결됐다.

　이 연구는 사형을 선고할 때 언제나 명백하고 투명한 판결이 내려지는 것은 아니며, 때로는 삶과 죽음을 가르는 무거운 결정이 피고인의 죄와 전혀 상관없는 요인에 영향을 받는다는 것을 입증했다.

057

불안과 극단

정치적, 경제적 격변의 시기마다 정치적 급진화가 심해지는 현상을 심리학 측면에서 어떻게 설명할 수 있을까? 금융 위기나 경제 위기가 발생한 시기에는 좌파·우파의 급진적인 정치 세력이 기승한다.

불확실성-정체성 이론에서는 불확실성의 인식이 극단주의 출현의 주된 이유라고 본다. 사람들은 그들의 자아상과 가치가 위협받는다고 느낄 때 자신을 온건한 집단보다는 급진적인 집단과 더 동일시한다. 그러므로 불확실한 시대에는 과거 온건했던 집단의 급진화가 일어난다. 갈수록 더 많은 사람들이 불안감을 해소하기 위해 자신의 세계관과 자아상을 강화하고 자신을 극단적인 집단의 일원으로 생각한다.

사회심리학자 마이클 호그Michael Hogg와 그의 동료들은 이 가설을 연구하기 위해 호주 대학생 82명을 대상으로 실험을 진행했다. 참가자들 중 일부는 대학등록금에 반대하는 급진적인 집단과, 다른 참가자들은 온건한 입장을 취하는 집단과 인터뷰를 시행했다.

인터뷰를 한 후 참가자들에게 대학등록금 개혁 문제에서 자기 자신과 미래와 관련하여 확실하거나 불확실하다고 생각했던 세 가지 의견을 달라고 요청했다. 이를 통해 참가자들이 자신과 미래에 대해 불확실성을 얼마나 느끼는지 확인하면서, 자신들이 인터뷰를 진행한 집단과 자신을 동일시하는 정도가 어느 정도인지 파악할 수 있었다.

그 밖에 참가자들이 해당 집단에 참여할 의사가 있는지, 참여하여 전력투구할 의사가 있는지, 있다면 어느 정도 준비가 되어 있는지 그 마음가짐을 측정했다. 그 수치가 높든 낮든 불확실성에서 유발된 감정이 급진/온건 집단에 빠져드는 데 미친 영향은 무엇이었을까?

연구 결과에 따르면 불확실성이 강해지면 자신을 급진적인 집단과 동일시하는 경향은 강해졌지만, 자신을 온건한 집단의 일원으로 받아들이는 데는 아무런 영향도 미치지 않았다. 또한 환경이 불투명해지면 급진적인 집단에 참여하려는 참가자들의 마음가짐이 강렬해졌다.

이는 불확실성이 난무하는 시기일수록 사람들은 급진적인 집단의 일원이 되기를 원하고 온건한 집단을 거부하는 경향을 보임을 시사한다. 이러한 불확실성과 극단주의의 관계는 시대와 사회가 격변하는 가운데 생기는 소수자에 대한 차별, 급진화, 광신 및 테러와 같은 현상을 설명하는 하나의 단서가 될 수 있다.

058

효과적으로 호소하는 법

지구 온난화와 그에 따른 심각한 폐해를 지적하는 연구가 점점 늘고 있다. 동시에 지구 온난화란 아예 존재하지 않으며 이런 보고가 과장되었거나 이 현상이 사람들의 행동과 무관한 것으로 믿는 사람들의 수도 나날이 증가하고 있다. 이런 상반된 주장이 나오게 된 배경은 무엇일까?

캘리포니아대학교의 심리학자들은 환경보호단체에서 발표한 암울한 전망이 불안과 공포를 조성하면서 회의론을 자극한다고 생각했다. 그들은 지구 온난화로 생길 폐해를 경고하는 정보가 지금까지 사람들 마음에 깊숙이 뿌리를 내린 안정적이고 체계적인 세상에 대한 믿음을 위협한다고 추측했다. 많은 사람들이 선이 보상받고 악이 처벌받는 정의로운 세계에 대한 강한 믿음을 지니고 있다. 그런데 이러한 믿음이 송두리째 흔들리면 방어기제가 작동하여 위협적인 정보를 경시하거나 아예 부정하게 된다. 그러다 보니 지구 온난화에 적극 대처하려는 의지도 사그라지는 것이다.

이와 관련하여 두 개의 실험이 진행되었다. 첫 번째 실험에서는 참가자들에게 지구 온난화에 관한 두 가지 상반된 정보를 전달했다. 하나는 대재앙을 암시하는 버전이었고, 다른 하나는 그보다는 희망적으로 표현하며 해법을 제시하는 관점이 담긴 버전이었다. 이어 연구진은 참가자들에게 지구 온난화에 대한 회의론에 대해 질문했다. 그 결과 정의로운 세상에 대한 믿음이 강할수록 지구 온난화 문제를 회의적으로 바라보았으며, 특히 주어진 정보가 암울할수록 회의적인 경향이 두드러졌다.

두 번째 실험에서는 참가자들 전원에게 주어진 낱말을 올바른 순서로 배열하여 문장을 완성하라는 과제가 주어졌다. 정의로운 세상을 믿는 그룹은 '세상은 예측 가능하다' 또는 '정의가 항상 승리한다'와 같은 문장을 완성했다.
반면 세상이 불공정하다고 생각하는 그룹은 '세상은 예측
불가다' 또는 '정의가 승리하는 경우는 드물다'와 같은 문
장을 완성했다. 과제를 마친 후 참가자들은 모두 모여 지
구 온난화를 암울하고 부정적인 시각으로 그려낸 영상을
관람했다. 그러자 정의로운 세계관을 지닌 참가자들이 불
공정한 세계관을 지닌 사람들에 비해 지구 온난화에 회의
적인 입장을 취했다. 그러므로 지구 온난화에 관한 정보가
부정적일수록 정의로운 세계에 대한 믿음을 흔들지 않는
방향으로 전해야 한다. 무턱대고 종말론적으로 접근하기
보다는 해결책을 제시하는 방식으로 접근해야지만 적극
적으로 참여하려는 사람들의 의지를 높일 수 있다.

059

눈앞에 있는 유혹을
이겨내는 심리 기제

　다이어트 중인데도 초콜릿에 손이 가고, 기껏 일찍 자려고 마음먹었는데 밤늦도록 영화를 보게 되고……. 일상의 도처에 숨어 호시탐탐 우리를 꾀어내는 유혹이 많으면 많을수록 우리의 마음은 흔들리고 약해진다. 그렇지 않은가?

　심리학자 크리스티안 미르세스Kristian Myrseth와 그의 동료들은 유혹과 마주친 사람들이 주로 유혹의 힘을 경시하는 경향이 있다고 보았다. 즉 자신이 달성하려는 목적의 가치를 능동적으로 높이면서 이와 반대되는 유혹의 가치는 폄하하고 그 힘도 최대한 낮추는 것이다. 이런 현상의 기저에는 평소에 더 힘들었던 일일수록 높게 평가해야 한다는 논리가 깔려 있다.

유혹에 대한 첫 번째 실험에서는 막 헬스클럽에 다녀온 여성에게 초콜릿과 프루트 시리얼 바가 담긴 간식을 제공했다. 초콜릿은 맛있지만 몸에 좋지 않은 유혹적인 간식이고, 프루트 시리얼 바는 맛은 덜하지만 몸에는 좋은 간식이다. 그룹 1은 간식을 고르기 전에 간식이 얼마나 유혹적인지 평가했고, 그룹 2는 먼저 간식을 고른 다음 평가했다.

그러자 그룹 1은 초콜릿은 그다지 끌리지 않는다고 평가하며 시리얼 바를 선택했고, 그룹 2는 초콜릿을 선택하며 끌리는 정도가 비슷하다고 했다. 연구진은 이 현상을 다음과 같이 해석했다. 자제력이 필요한 상황이 주어지면 유혹의 가치를 떨어뜨리고 그와 반대되는 것의 긍정적인 면을 높이 평가한다. 하지만 단순히 선택만 하게 되면 자제력을 발휘하지 않고 직관적으로 평가한다.

두 번째 실험에서는 만약 선택을 되돌릴 수 있게 하면 어떤 반응이 나올지 확인했다. 연구진은 대학생들에게 여가 활동과 강의 수강의 가치를 비교하여 평가해달라고 요청했다. 첫 번째 그룹은 수강 신청한 강의를 취소할 수 있다는 가정하에 평가를 시행했다. 다른 그룹은 등록 취소 기간이 끝난 후에 평가를 시작했다. 학생들은 수강 신청을 철회할 수 있는 상황일 때만 여가 활동의 매력도가 떨어진다고 평가했다. 수강 신청 취소 기간이 끝나자 학생들은 여가 생활의 가치가 강의 수강과 동등한 것으로 평가했다. 선택을 되돌릴 수 없으니 더는 자제력이 필요 없기 때문이었다.

코앞에 유혹이 있어 적극적으로 맞서야 할 때는, 실제로 느끼는 것과 반대로 생각하는 자기통제 심리를 활용하면 도움이 된다. 하지만 그보다 좋은 방법은 최대한 유혹에서 멀리 떨어지는 것이다.

✦

060

외국에서
더 조심해야 하는 것

여행지에서 우리나라 사람을 마주치면 차마 얼굴을 들지 못할 정도로 부끄러울 때가 종종 있다. 하지만 참 이상하게도 여행을 마치고 귀국하면 그때 마주친 사람들만큼 시끄럽고 오만한 사람은 눈 씻고 찾아봐도 보이지 않는다. 도대체 왜 그런 걸까?

수치심은 타인이 우리를 어떻게 생각할지 걱정하는 불안에서 비롯된다. 여기서 핵심은 '타인' 즉 규범을 위반하는 행위를 목격하는 대중에게 맞춰져 있다. 지켜보는 대중의 눈이 많을수록 창피함은 배가 된다. 특히 낯선 사람들로 가득한 타지에서 불운한 사건이 터졌을 때, 설상가상으로 아는 지인마저 마주친다면 사태는 걷잡을 수 없을 정도로 심각해진다. 그나마 친한 친구나 가족이 함께 있다면 이러한 난처한 상황이 생겨도 수치심으로 온 얼굴이 붉어지는 참사만은 막을 수 있을 것이다.

이러한 요인 외에 우리가 소속된 다양한 집단(성별, 국적, 종교)에 의해 결정되는 사회적 정체성도 중요한 역할을 한다. 어떤 집단에 속해 있느냐에 따라 각기 다른 사회적 규범이 적용되고, 올바른 행동의 기준이 형성된다. 그러므로 우리는 소속된 집단의 일원이 아닌 사람들 앞에서는 창피함을 느끼는 강도가 비교적 약해진다.

멜버른대학교와 세인트앤드루스대학교의 심리학자들은 여러 연구를 통해 이 가설을 검증했다. 실험에 참여한 참가자들은 난처한 사건이 벌어지는 가상의 시나리오를 읽었다. 연구진은 실험에 등장하는 인물의 국적을 여러 번 바꾼 뒤 수치심이라는 감정에 상대의 출신 국가가 얼마나 강력한 영향력을 발휘하는지 발견했다. 이를테면 스코틀랜드인은 미국인을 마주쳤을 때 같은 스코틀랜드인 앞에 섰을 때보다 느끼는 수치심의 강도가 낮았다. 이런 현상은 그 사람이 특히 자국민에 깊은 친밀감을 느낄 때 일어났다. 즉 국가에 대한 소속감이 강한 사람일수록 창피함을 느끼는 강도가 고국에 있을 때보다 타국에 있을 때 현저히 줄어드는 경향을 보였다.

창피함을 덜 느낄수록 더 쉽게 옳지 못한 행동을 할 수 있을 것이다. 또한 창피함을 덜 느낄수록 수치심을 드러내는 신호(당황하는 시선과 홍당무처럼 붉어지는 얼굴 등)마저 보이지 않게 된다. 수치심을 드러내는 신호는 타인으로 하여금 상대의 실수를 용서해주고 싶은 마음을 자극한다. 그런데 그런 수치심을 전혀 보여주지 않는다면 상대의 불쾌한 마음을 진정시킬 기회마저 놓치게 되는 것이다. 이는 우리가 애국심이 클수록 타국에서 공공연하게 추태를 부리며 자국 망신을 시킬 가능성이 높다는 것을 경고한다.

내 생각이 틀렸다고?

:사고와 판단

이 또한 적응하리라

미래는 알 수 없다. 미래를 예측하고 미지의 영역을 알아내는 것은 오래전부터 이어진 인류의 염원이다. 일기 예보나 경제 예측, 운세는 우리가 일상에서 접하는 대표적인 미래 예측이다. 이런 예측들은 머지않아 현실화될 미래의 영향력을 선취하려는 시도의 일부라고 볼 수 있다.

하물며 개인에게 벌어질 일을 예측하는 것은 어떠한가. 이를테면 시험을 치러야 하는 상황을 두려워하는 사람이 매우 많다. 하지만 막상 그 상황과 마주하면 예상했던 것만큼 나쁘지 않다고 생각한다. 나 자신, 나의 반응, 내 감정 상태에 관한 예측은 때때로 강하게 왜곡되는 경우가 빈번하기 때문이다. 도대체 왜 그런 걸까?

심리학자 대니얼 길버트Daniel Gilbert와 그의 동료들은 사람에게 '심리적 면역 체계'가 있다고 생각했다. 연구진은 우리가 미래에 생길 수도 있는 사건('실직' 또는 '로또 당첨')에 대해 생각할 때 심적 적응력(부정적인 정보를 객관화하거나, 긍정적인 상황에 빠르게 적응하는 능력)을 감안하지 않거나 과소평가한다고 추론했다. 그러한 상황을 실제로 맞닥뜨리게되었을 때 어떤 감정이 들지 떠올려보자('실직하면 더는 내인생에 아무것도 남지 않아' 또는 '로또에 당첨되면 영원히 행복하겠지'). 그럴 때 우리는 대개 그 새로운 상황에 빠르게 적응할 거라는 생각은 미처 하지 못한다. 그 결과 미래 예측이왜곡되어 예상한 상황과 실제 상황의 불일치로 이어진다.

그러므로 앞으로 일어날 불행을 심각하게 걱정하는 일도, 생기지도 않은 미래의 행운에 벌써부터 기뻐하는 일도지양해야 한다. 용기를 가지고 무슨 일이든 조금 더 자주감행해본다면 그 사실을 깨닫게 될 것이다. 비록 그 시도가 실패로 이어질지언정 우리는 생각보다 더 빠르게 극복할 능력이 있다는 것을. 지나치게 낙관적인 태도로 사람,

일, 공부, 수입이 언제나 우리를 행복하게 만들어줄 거라고 생각하는 것도 금물이다. 모든 성공과 실패 뒤에는 다시 원점이 기다리기 마련이다. 그러니 그 또한 그대로 두어도 좋은 일이다.

062

병을 부르는 생각들

남자는 다른 사람의 말을 제대로 귀담아듣지 않는다든가, 여자는 주차를 못한다고들 말한다. 일반적으로 이런 고정관념은 내가 그 집단의 일원이 아니거나, 적어도 자신에게만큼은 적용되지 않을 때 생기곤 한다. 같은 맥락에서, 청년층과 중년층이 나이 듦과 노화에 대한 고정관념이 자신에게도 적용될 거라고 느끼는 경우는 드물다.

하지만 다음의 수치들은 이러한 고정관념의 파급력이 얼마나 강력한지를 입증한다. 젊었을 때부터 늙는다는 것에 부정적인 사람들은 노후에 중증 심혈관 질환에 걸릴 위험이 두 배나 높았다. 반면 나이 드는 것을 긍정적으로 받아들이는 사람들은 노년에도 훨씬 건강할 뿐만 아니라 노화를 두려워하는 사람들에 비해 수명이 평균 7년 반 이상 길었다.

나이에 관한 고정관념이 미치는 영향은 주로 무의식적으로 나타난다. 한 실험에서 참가자들은 연구진의 요청에 따라 컴퓨터 화면에 깜박이는 단어를 응시했다. 컴퓨터 화면에는 노화에 관한 긍정적이거나('현명한') 부정적인('혼란한') 선입견을 암시하는 낱말이 나타났다가 사라지기를 반복했다. 각 낱말이 노출되는 시간은 약 0.05초에 불과했으므로 사실상 의식적으로 읽는 것이 불가능한 속도였다. 하지만 실험 결과는 놀라웠다. 부정적인 단어에 노출된 사람들은 필체마저도 다소 불안정했고, 긍정적인 단어를 본 그룹보다 훨씬 느릿한 동작으로 실험실을 벗어났다.

그렇다면 고정관념은 어떤 방식으로 사람의 건강과 장수에 영향력을 행사하는 걸까? 첫째로는 자기충족적Self-Fulfilling 기대 때문이다. 예컨대 기억력 테스트에서 좋지 못한 결과가 나올 거라고 가정하는 순간 기억력이 실제로 감퇴한다. 둘째로는 건강 행위Health Behavior, 건강을 보호, 유지하기 위해서 취하는

^{행동 - 옮긴이}가 핵심적인 역할을 한다. 나이 드는 것에 부정적인 사람들은 주로 신체 활동이 적은 편이며 건강에 해로운 음식을 섭취하고 사회활동에 적극적으로 참여하지 않는 편이다. 노년이 질병과 외로움을 의미한다고 확신하는 사람은 특히 더 부정적으로 느낄 것인데, 부정적인 고정관념이 강한 사람들의 심혈관 체계는 스트레스에 취약한 편이어서 더 많은 질병에 걸릴 가능성이 있다.

그러므로 우리 모두 나이 드는 것에 대한 자신의 고정관념에 대해 한 번쯤 곰곰이 생각해볼 필요가 있다. 무작정 장밋빛 노후의 그림을 그릴 필요는 없다. 나이 드는 것에 대한 사회와 개개인의 편견이 사라진다면 조금은 더 평정심을 찾고 낙관적인 태도를 취할 수 있을 것이고, 이는 우리 모두에게 이득이 된다.

063

줄 서는 거 보니
맛집인가 봐!

'줄 서서 기다리기'를 좋아할 사람은 없을 것이다. 우리는 꼭두새벽의 맛집 베이커리부터 시작해 점심에는 구내식당, 저녁에는 마트, 주말에 영화표를 끊거나 테라스에서 맥주 한잔을 할 때도 줄을 서야만 한다. 줄을 서서 기다리는 것에 긍정적인 연관성이 있다는 사실은 도무지 믿기지가 않는다.

시카고대학교의 심리학자 구민정과 에일릿 피시바흐 Ayelet Fishbach는 연구를 위해 청량음료 미각 테스트를 진행하며 참가자들에게 줄을 서게 했다. 이때 줄을 선 참가자들

앞에 진행 요원 두 명을 배치한 후, '줄 서기'가 참가자들에게 미치는 영향을 관찰하게 했다. 그 결과 참가자들 앞에 먼저 서 있던 사람들의 수는 음료의 평가에 아무런 영향을 미치지 않았다. 참가자들이 줄을 선 이후에 도착한 사람의 수만이 평가에 긍정적으로 작용했다.

일반적으로 줄을 선 시간이 길어질수록 뒤로 줄지어 선 사람들의 수도 늘어난다. 그러므로 그만큼의 시간을 투자하며 줄 서 있는 시간은 해당 상품에 대한 관심도를 보여주는 지표가 된다. 따라서 뒤에 줄지어 선 사람이 많을수록 그만큼 오랫동안 서 있었다는 의미가 되고, 그것은 해당 상품이 그럴 만한 가치가 있기 때문이라고 확신하게 되는 계기가 된다. 하지만 이러한 생각의 함정은 뒤로 늘어난 줄을 보며 막 줄을 선 사람들의 수까지 포함시킨다는 데 있다.

길게 늘어선 줄은 해당 제품이 높은 상품가치를 가진 듯 느끼도록 소비자를 유혹하며, 특히 소비자들이 그 제품을 제대로 즐길 수 있을 것이라는 신호를 보낸다. 그러나 판단의 오류는 '많은 고객들이 제 시간을 투자하며 찾는 제품이기 때문에 좋을 것'이라는 예측을 하는 기준에 있다.

그 평가 기준이 줄을 선 사람들의 전체 수가 아니라 내 뒤에 선 사람이 얼마나 되느냐가 핵심이기 때문이다.

힐끗 뒤를 돌아볼 때마다 길게 늘어선 줄을 보는 것만으로도 제품의 매력도가 상승한다. 지금 베이커리, 식당, 술집을 운영 중인가? 만약 줄지어 선 고객들이 뒤를 힐끗 돌아보는 모습이 보인다면 안심해도 좋다.

064

여자 허리케인이 더 세다?

1950년에서 2012년 사이 미국에서 발생한 허리케인에 의한 사망자 통계를 살펴보면 여성 이름의 허리케인이 남성 이름의 허리케인보다 유독 위협적이었다는 것을 알 수 있다. '남성 이름'의 강력한 허리케인이 평균 15명의 목숨을 앗아갔다면, '여성 이름'의 허리케인은 무려 평균 42명의 사망자를 냈다(2005년 1,800명의 사망자를 기록하며 특히나 파괴적이었던 허리케인 카트리나는 여기에 포함되지 않았다).

허리케인의 이름은 임의로 부여된다. 그러므로 기상학자들이 위협적이고 강력한 허리케인을 골라 의도적으로 여성의 이름을 붙이는 것은 불가능하다. 따라서 여성 이름이 붙여진 허리케인 자체가 남성 이름의 허리케인보다 위협적인 것은 아니다. 그렇지만 실제로 여성 이름을 딴 허리케인이 등장할 때 일반적으로 더 많은 사망자가 속출한 것도 사실이다. 그건 왜 그런 걸까?

이와 관련하여 여섯 차례에 걸친 실험이 진행되었다. 실험 참가자들에게 특정 허리케인에 대한 설명을 해주었고, 그때마다 매번 허리케인의 이름을 바꾸었다. 참가자들에게 설명한 허리케인의 절반은 남성 이름(아서 또는 크리스토퍼), 나머지 절반은 여성 이름(한나 또는 라우라)이었다. 실험 참가자들은 매번 설명을 들은 후 해당 허리케인이 얼마나 위협적으로 느껴졌는지, 비상대책을 마련하고 피신할 생각이 들었는지 대답했다. 그리고 그 결과는 명확했다. 참가자들은 허리케인이 여성 이름인 경우 보다 덜 위험한 등급으로 분류하는 경향을 보였고, 그에 따라 대피 준비가 훨씬 미비했던 것이다.

이러한 결과는 성별에 관한 우리의 고정관념을 보여준다. 우리는 '강함', '공격성'이 여성보다는 남성을 설명하는 특징이라고 생각하는 경향이 있다. 이런 생각은 인사결정처럼 일상의 여러 상황에 무의식적으로 일어나며 영향력을 행사한다.

　제아무리 밖에 거센 태풍이 몰아치고 있어도 우리 머릿속에 존재하는 성별의 고정관념은 여성 이름의 허리케인을 과소평가하도록 유도한다. 그리고 그 결과는 치명적이다. 허리케인에 직접적인 피해를 입을 수 있는 지역의 사람들마저 마음을 놓아버리고 예방책을 세우는 데 느슨해지기 때문이다.

065

무거우니까 중요하다?

독일어로 '무게Gewicht'와 '중요Wichtigkeit'는 같은 어원에서 파생됐다. 서로 다른 여러 요소들을 고려해야 하는 결정이라면 모든 것이 똑같이 중요할 수 없으므로 중요도를 정해야 한다. 그런데 물리적인 무게가 중요도에 영향을 미친다는 사실을 알고 있는가?

심리학자 닐스 요스트만Nils B. Jostmann은 사물의 무게와 중요도의 관계를 있는 그대로 설명할 수는 없다고 생각했다. 연구 끝에 그는 추상적 개념과 실질적인 질량 체감 사이에 존재하는 심리학적 관련성을 감안해야 함을 증명했다.

실험 참가자는 '대학교 위원회는 장학금을 결정할 때 학생들의 의견을 반영해야 한다'는 사안의 중요성을 평가했다. 참가자들은 각각 무게가 657그램, 1킬로 이상인 클립보드를 들고 서 있었다. 무거운 클립보드를 들고 있었던 실험 참가자는 가벼운 보드를 들고 있었던 참가자보다 그 사안이 훨씬 중요하다고 평가했다.

우리는 무거운 것을 들 때 더 많은 육체적 노력을 들여야 한다는 경험을 하며 성장했다. 그리고 중요한 결정을 해야 할수록 가능한 여러 대안을 비교하면서 많은 신경과 노력을 쏟아붓는다. 우리의 육체적 경험이 추상적인 개념을 형성하는 토대가 되므로 요스트만과 연구진은 이를 일종의 '구현Verkörperung'이라고 가정했다. 의사결정 과정에서 신체적 긴장이 동반된다면 매우 중요한 결정일 것이므로, 그만큼의 정신적 긴장과 노력을 투자해야 한다.

066

홈구장의 열두 번째 선수

축구를 비롯한 스포츠 경기에는 소위 '홈 어드밴티지home advantage'라는 표현이 쓰인다. 홈그라운드에서 경기를 치르는 팀은 원정 경기에서 경기할 때보다 승리할 가능성이 높다는 뜻이다. 정말 그럴까? 그렇다면 이러한 이점은 어떻게 생기는 걸까?

실제로 홈그라운드에서 경기를 치르는 팀의 승률은 평균 50퍼센트가 넘는다. 심리학자 케리 커니아Kerry S. Courneya와 앨버트 캐런Albert V. Carron은 이것이 '열두 번째 멤버'인 관중 때문이라고 생각했다. 경기장에 홈팀 경기를 지켜보는 관중이 많을수록 홈 어드밴티지의 영향력이 그만큼 커지기 때문이다.

하지만 경기를 보는 관중이 어떻게 경기 결과에 기여한다는 것일까? 영국의 한 연구진은 경기장 내 관중의 응원이나 함성 및 그 밖의 반응이 주심의 판정에 영향을 준다고 가정했다. 연구진은 관중의 커다란 함성 소리가 심판이 홈그라운드팀에게 호루라기를 불며 파울을 선언하는 횟수를 줄이고, 원정팀에게 파울을 알리는 호루라기를 더 많이 불게 한다고 추측했다.

연구진은 이러한 가설을 검증하기 위해 공인 축구 심판 40명을 초청했다. 그리고 그들에게 영국 프리미어리그의 FC리버풀(홈팀)과 레스터시티의 경기 중 47개의 장면을 보고 판정을 내려달라고 요청했다. 각 장면에는 두 가지 종류의 환경이 무작위로 주어졌다. 하나는 실제 '관중의 함성'이 있는 그대로 포함되었고, 다른 하나는 별다른 소음이 없는 고요한 환경이었다. 영상의 첫 번째 장면이 시작되기 전에 진행자는 심판에게 어느 팀이 홈그라운드팀인지 미리 알려주었다.

각 장면이 끝날 때마다 진행자는 영상을 잠시 멈췄고,

심판들은 방금 시청한 장면의 파울 여부를 판정했다. 그리고 파울이 있었다면 그것이 홈팀과 원정팀 중 어느 팀의 파울인지 평가했다.

결과에 따르면 함성이 가득한 환경에서 심판은 홈팀의 파울을 인정한 횟수가 더 적은 것으로 나타났다. 심판들은 함성이 있을 때 조용한 환경에서보다 원정팀에게 더 자주 호루라기를 불었을 뿐만 아니라 홈팀의 파울을 슬쩍 눈감아주기도 했다.

또한 함성이 가득한 환경의 경기 장면을 판정할 때 심판의 경험 여부 또한 강력한 영향력을 행사했다. 경험이 많은 심판일수록 홈그라운드팀에게 자주 호루라기를 불었다. 즉 함성이 가득한 환경에서도 오판이 덜했다.

이런 결과에 대해 연구진은 심판이 판정을 내릴 때 불분명한 경기 상황일수록 허용되는 모든 수단을 동원하게 된다고 설명했다. 그 수단 중 하나가 바로 관중인 것이다. 심판의 결정을 납득하지 못한 관중의 야유가 거셀수록 모호한 상황이 생겼을 때 우선 덜 비판적인 시각으로 홈팀을 평가했다. 심판이 확신하지 못하는 상황일수록 한번 질끈 눈감아주고 파울을 선언하지 않을 가능성이 높아진다.

결국 심판도 사람인 것이다. 그러므로 경기장을 찾은 관중
들은 지지하는 팀을 큰 함성으로 응원할 이유가 충분하다.

067

생각한 만큼만 본다

하필 중요한 약속이 있어 서두를 때 꼭 기차는 연착하는 것만 같고, 기차역에는 인파가 미어터지고, 도시는 혼잡하게만 느껴진다. 반면 소중한 보물이 있는 곳으로 향하는 길목은 햇살도 따스하고 새들이 지저귀는 소리도 아름다우며 버스 기사도 방긋 미소 짓는 것만 같다.

목표를 어떻게 설정하느냐에 따라 세상이 완전히 달라 보이는 이유가 무엇인지에 대해 심리학자 대니얼 사이먼스Daniel Simons와 크리스토퍼 샤브리스Christopher Chabris가 알아보았다. 연구진은 실험 참가자들에게 농구 경기 영상을 보여주며 화면에서 패스한 횟수를 세어달라고 요청했다. 그 영상 속에서 경기 중반쯤에 고릴라로 변장한 한 여성이 경기장 안을 획 지나갔다. 확연한 고릴라의 모습이 몇 초간이나 화면 중앙에 등장했지만 패스 횟수를 세는 데 집중한 나머지 고릴라를 전혀 인지하지 못한 사람이 참가자의 절반이었다.

일상에서 달성하려는 사회적 목표를 묻는 설문을 가장 먼저 도입한 심리학자 야나 니키틴Jana Nikitin과 알렉산드라 프로인트Alexandra Freund의 연구는 우리 생활에 좀 더 가깝게 반영된다. 연구진은 '나를 비판하는 사람들과 어울리는 것을 좋아하지 않는다'와 같은 태도에 특히 흥미를 보였는데, 이런 생각은 거절, 분쟁, 상처와 같이 사회적 만남에서 오는 부정적인 것들로부터 자신을 보호하려는 회피성 목적을 대변하기 때문이다. 그렇다면 이런 태도가 세상을 바라보는 가치관까지 결정하는 걸까?

이 질문의 답을 찾기 위한 실험에서 참가자들은 기쁜 표정, 화난 표정, 무표정한 사람의 얼굴이 담긴 사진을 관찰했고, 그동안 아이트래킹시스템Eye Tracking System 장비는 그들의 눈동자 움직임을 측정했다. 회피 경향이 강한 사람은 약한 사람들보다 화난 사람의 얼굴을 더 오랫동안 그리고 더 자주 바라봤다.

성난 사람을 피하려면 먼저 그런 사람을 파악해내야 하기 때문이라고 심리학자들은 설명했다. 그러지 않으면 나도 모르게 불편한 대화에 휘말릴 위험이 생긴다. 그러므로 그런 상황을 최대한 피하려는 사람들은 특히 험상궂은 상대의 표정에 주의했다.

개인의 사고방식과 목표가 세상을 바라보는 방식을 결정한다. 이 사실의 가장 좋은 점은 결국 내 생각과 의지대로 내가 사는 세상을 바라볼 수 있다는 것이다.

068

방을 보면 그 사람이 보인다

  여기저기 벗어놓은 양말, 알파벳순으로 정리된 CD 컬렉션, 예전에 갔었던 콘서트 티켓, 가족사진, 스포츠 트로피……. 의식적이든 무의식적이든 주변에 늘어놓은 물건들을 보고 그 사람의 성향을 제대로 파악할 수 있을까?

  텍사스대학교의 심리학자 새뮤얼 고슬링samuel Gosling과 그의 연구팀은 실험 참가자에게 전혀 모르는 낯선 사람의 방을 보여준 뒤, 개인 소지품만으로 그 방의 주인이 어떤 성향의 소유자인지 파악할 수 있는지 살펴보았다. 우선 그 방 주인에게 성격에 관한 다섯 가지 특성을 나타내는 정보를 확인했다.

- **외향성**

  당신은 사교적입니까, 내성적입니까?

- **친화력**

  당신은 남을 돕기 좋아합니까, 이기적입니까?

  당신은 타인을 신뢰하는 편입니까, 의심하는 편입니까?

- **정서적 안정성**

  당신은 걱정을 자주 합니까, 침착한 편입니까?

- **개방성**

  당신은 호기심이 많고 상상력이 풍부한 편입니까,

  보수적입니까?

- **성실성**

  당신은 체계적입니까, 무질서한 편입니까?

　방의 주인은 우선 이 다섯 가지 종류의 질문에 답하며 스스로를 평가했다. 그런 뒤 고슬링과 연구팀은 방에 클립보드를 설치한 후 방 주인의 지인, 그리고 방 주인을 아예 모르는 사람을 차례로 들여보냈다. 각자에게 15분의 관찰

시간을 주고 그 방의 주인이 얼마나 독창적이고, 사교적이고, 정돈된 사람인지 평가하게 했다.

'외향성'과 '친화력'에 관해서는 방 주인을 모르는 사람들과 지인들의 평가 내용이 대체로 일치했다. 그러나 그 밖의 나머지 세 가지 범주만큼은 방 주인에 대해 전혀 모르는 낯선 타인이 친밀한 지인들보다 훨씬 더 정확하게 평가했다. 단순히 방만 살펴보고 생긴 감상에 의한 평가임은 분명했다.

이러한 평가의 정확성을 어떻게 설명할 수 있을까? 낯선 타인들은 방 주인이 의식적으로 자기를 표현하는 요소라고 생각하며 장식한 개인적인 소지품을 보며 판단했다. 한편으로는 배치한 물건과 그 주변을 주인이 어떻게 관리하는지 눈여겨보았다. 예컨대 방 안에 유독 책이 많다면 '개방성'에 높은 점수를 주었고, 가지런히 정리된 CD 컬렉션은 '성실성'의 표시, 스포츠 트로피는 보수적인 정치관을 대변한다고 보았다.

당신의 방은 당신에 대해 무엇을 알려주고 있을까?

069

알 수 없는 사람이
매력적이다?

사랑에 빠지면, 원활한 커뮤니케이션의 토대가 열린 마음과 진정성이라는 것을 잊어버리는 듯하다. 누가 봐도 명확한 신호는 애써 회피하고, 상대의 불확실한 태도에 매력을 느끼기 때문이다. 이러한 '하드 투 겟hard to get' 게임이 정말 그 사람의 매력을 높여주는 걸까?

미국의 심리학자 에린 위트처치Erin Whitchurch는 그의 동료 팀 윌슨Tim Wilson, 대니얼 길버트와 함께 이 질문에 대해 연구했다. 연구진은 실험에 참가한 여대생 47명에게 선정해 놓은 남자 네 명의 페이스북 프로필 사진을 보여주며, 그 남자들이 먼저 그녀들의 페이스북 프로필을 보고 호감도를 평가했었다고 덧붙였다. 첫 번째 여대생 그룹에는 그 남자들이 그녀들의 프로필을 보고 호감을 보였다고 언급했다. 두 번째 여대생 그룹에는 그 남자들이 평가한 매력도가 중간 정도라고 말했다. 그리고 세 번째 그룹에는 남자들이 그녀들의 매력을 어떻게 평가했는지 알 수 없다고 말했다. 여자들은 어떤 상황에서 이 동일한 남자들에게 가장 매력을 느꼈을까?

실제로 여대생들은 상대가 자신들을 어떻게 평가했는지 알지 못했을 때 가장 큰 매력을 느꼈다. 몹시 비논리적이지만 불확실성은 확실히 상대의 매력을 증가시켰다. 그래도 감정이 상대에게 명확히 전달되어야 그 사람을 더 좋아하게 되는 게 맞지 않을까?

불확실성에 빠진 사람은 바로 그 이유 때문에 상대를 더 자주 생각하게 된다고 에린 위트처치와 그의 동료들은 추측했다. 모호한 감정 때문에 여러 번 반복해서 상대를 생각하다 보니 여성들은 그것을 자신이 상대를 매력적으로 느끼는 것이라고 판단한 것이다. 그렇다면 연애 초기에는 상대에게 애정 표현을 삼가고, 상대가 안절부절못하도록 행동하는 것이 나은 걸까?

지금까지의 실험 결과 이러한 불확실성의 매력은 여성에게만 효과가 있었다. 남자들은 여자들과 확연히 달랐다. 기존의 연구에 따르면 남성의 경우 적어도 데이트에서라도 여성이 자신에게 관심을 표현하고, 다른 남자에게 거의 무관심할 때 상대에 대한 반응이 좋은 것으로 나타났다. 애정 표현을 잘하고 까다롭게 굴기까지 하는 여성에게서는 훨씬 큰 매력을 느꼈다.

단순한 '하드 투 겟' 전략이 얼마나 효과적인지는 아직 과학적으로 검증되지 않았다. 따라서 현재로서는 개인적으로 시도해봐야만 알 수 있는 전략이다.

070

연애,
적극적일수록 어려워진다?

어떤 남자는 항상 여자와 데이트를 하느라 열심인 듯한데 결국 늦저녁에는 혼자서 시간을 보낸다. 마찬가지로 로맨틱한 행복을 찾는 데 매번 실패하면서도 매주 새로운 사랑에 빠지는 아름다운 여자들도 있다. 연애에 적극적인 이 아름다운 선남선녀가 연애 상대를 찾는 데 거듭 실패하는 이유는 무엇일까?

이 질문에 대한 답을 찾기 위해 미국의 심리학자들은 대학생 156명을 대상으로 스피드 데이팅을 주선했다. 스피드 데이팅이란 짧은 시간 내에 최대한 많은 이성을 소개받는 프로그램을 말한다. 그렇게 서로 마주 앉은 남자와 여자는 첫 대화를 나눈 지 5분도 안 되어 상대의 첫인상을 평가했다. 그리고 다음 상대로 넘어가기 전에 참가자들은 방금 대화를 나눈 상대와 또다시 만나고 싶은지와 상대에 대한 호감도를 표현했다. 물론 곧바로 상대가 그 평가를 확인하는 것은 아니다. 그러기 전에 먼저 '매칭'이 성사되어야 한다. 즉 대화를 나눈 두 사람 모두 상대에게 호감을 표현해야지만 상대의 연락처가 전달되는 것이다.

연구진은 이 과정에서 몹시 놀라운 사실을 발견했다. 만나는 사람마다 긍정적으로 평가하는 사람일수록 스스로를 높게 평가하지 않는 경향을 보였다. 만남을 가진 사람을 전부 매력적이라고 평가하며 상대를 알고 싶어 하는 마음이 큰 사람일수록 자신을 매력적으로 평가하지 않았고, 실제로 두 번째 만남이 성사되지 못할 거라고 생각했다. 또한 연구진은 이와 반대로 매우 까다로운 사람일수록 그만큼 상대에게 매력적으로 평가받는다는 사실을 발견했다. 다시 말해 다음에 다시 만나고 싶은 사람이 적은 사람일수록 다음 만남이 성사될 가능성이 매우 높았다.

그렇다면 연인을 찾을 때마다 까다롭게 구는 것이 좋

은 걸까? 하지만 답은 '꼭 그럴 필요는 없다'이다. 물론 통계적인 측면에서 선택한 사람과 선택받은 횟수의 연관성은 유의미하지만 그리 눈에 띌 정도는 아니었다. 다시 말해 상대의 관심을 독점한다고 해서 그것이 상대의 확신을 보장해주는 것은 아니기 때문이다. 반면 여러 이성을 향한 무차별적인 관심은 로맨틱한 감정을 없애는 '애정 킬러'임이 확실하다.

여기서 핵심적인 역할을 하는 것은 바로 상대에게 유일하게 인정받고, 나만의 개성이 매력적으로 보이고, 상대에게 구애받고 싶은 욕구이다. 타인에게 자신만의 유일무이한 분위기를 제대로 전달할 줄 모른다면 마음에 드는 이성과 만남을 갖더라도 상대에게 본인의 매력을 제대로 발산하지 못할 것이다.

즐겁기 때문에 시간이 빨리 흐르는 걸까,
시간이 빠르게 흘러서 즐겁게 느끼는 걸까?

인간은 자신의 경험을 질적으로 판단할 때
주관적인 시간 지각을 활용한다.
시간이 빨리 흐른다고 느낄수록
그 일은 즐거워질 것이다.

071

알고 있었다는 착각

"거봐, 내가 그럴 줄 알았지"라는 말을 얼마나 자주 듣는가? 사람들은 꼭 나중에 가서 어떠한 사실을 예전부터 잘 알고 있었다고 확신하곤 한다. 불행히도 이런 확신이 항상 정확한 것만은 아니다. 이미 벌어진 사건을 예측할 수 있었다고 생각하는 경향을 '사후 과잉 확신 편향hindsight bias'이라고 한다.

꼭 나중에 가서 하게 되는 이러한 착각은 어디에나 있다. 심리학자들 중 일부는 우리가 잘못 기억하는 것 자체가 기억의 특성이라고 가정한다. 하지만 무조건 그렇게 되는 걸까? 적어도 지식과 경험이 축적되다 보면 더 나은 판단이 가능할 것이다. 그러면 사후 과잉 확신 편향을 줄일 수 있지 않을까? 아니면 미래 예측에 관한 것은 전문가의 의견조차 신뢰할 수 없는 걸까?

연구진이 이 질문의 답을 찾기 위해 포커 플레이어의 도움을 받았다. 한 실험에서 포커 플레이어들에게 주어진 카드 패로 이길 확률을 평가해보라고 요청했다. 포커 플레이어들은 손에 쥔 그 패로 그들이 승리할 통계적 확률에 대한 피드백을 받기 전/후로 나눠 질문에 대답했다. 피드백을 받기 전과 후에 플레이어들이 언급한 대조적인 평가를 보며 연구진은 사후 과잉 확신 편향의 강도를 측정했다.

실제로 연구진은 전문 지식과 사후 과잉 확신 편향의 연관성을 발견했다. 자신이 포커 경험이 많다고 자부하는 플레이어는 피드백을 받은 이후 승률을 평가할 때 사후 과잉 확신 편향이 덜한 편이었다. 즉 노련한 플레이어는 경험이 적은 사람에 비해 피드백에 쉽게 영향을 받지 않았다.

포커 플레이어들은 사후 과잉 확신 편향이 그 사람의 판단에 영향을 미치는 과정에서 노하우가 중요하다는 것을 증명했다. 그러므로 안도의 한숨을 쉬어도 좋다. 각 분야의 전문가들은 판단할 때 일반인에 비해 외부 요인에 크게 영향을 받지 않는다. 다만 전문가가 내린 판단이 적중하는지 여부는 이와 별개인 문제다.

072

건강한 현실주의자

인간이 하는 주요한 생각 중 하나는 미래를 예측하는 것이다. 삶의 매 순간 우리는 미래에 생길 변화가 좋을지 나쁠지 생각해보곤 한다. 우리는 미래 인생의 만족도를 얼마나 제대로 예측하고 있을까?

심리학자 프리더 랑Frieder Lang과 그의 동료들은 11년 이상 매년 18세에서 96세의 사람들 1만 명을 분석했다. 응답자들은 현재와 5년 뒤 예상되는 삶의 만족도를 묻는 설문조사에 답했다. 그 후 실제로 5년이 흐른 시점에 자신이 예상한 평가가 얼마나 적중했는지를 재차 확인했다.

흥미롭게도 연령별 현재 삶의 만족도에는 큰 차이가 없었다. 그렇지만 미래의 삶의 만족도 부분에서는 상당한 차이가 있었다. 사람들은 기대 수명에 대한 만족도와 관련하여 긍정적/현실적/비관적 사고방식에 따라 자신의 미래를 예측했는데, 청년층은 앞으로 삶의 만족도가 높아질 것이라고 기대하며 5년 뒤의 삶의 만족도를 다소 과대평가하는 경향을 보였다. 반면 노년층은 미래를 바라보는 시각이 주로 부정적이었고, 삶의 만족도가 하락할 것이라고 예상했다. 조사 결과 중년층의 미래 예측이 실제 5년 뒤의 삶의 만족도와 가장 일치하는 것으로 나타났다.

연구진은 첫 설문조사 이후 17년간 이어진 데이터를 꼼꼼히 분석했다. 그에 따르면 노인층의 경우 삶의 만족도를 다소 부정적으로 예상하는 것이 건강의 측면에서 긍정적인 결과로 이어지며 장수와도 관련이 있었다.

심리학자들은 이러한 결과와 관련하여 청년층이 바라보는 긍정적인 핑크빛 환상은 개개인의 발전과 목표 설정에 도움이 될 수도 있다고 설명했다. 반면 고연령층이 보이는 현실적이거나 비관적이기까지 한 관점에 대해서는 앞으로 벌어질 상실과 같은 경험에 대한 마음의 준비로 삼아 적절히 대처할 수 있도록 활용할 것을 제안했다. 고연령층의 경우 과도한 긍정적 기대감은 노화로 마주하게 되는 다양한 상실 경험에 실망과 좌절만을 안겨줄 수 있지만, 그렇다고 해서 긍정적인 부분이 너무 부족하고 비관적이기만 하면 자칫 지나치게 방어적인 태도를 갖게 될 수 있다. 적당히 비관적이고 방어적인 태도가 노인들이 노화 문제에 현명하게 대처하도록 도우며 긍정적으로 기여할 수 있을 것이다.

073

식사가 생존이 될 때

고칼로리 음식이 건강에 해로운 걸 잘 알면서도 자주 찾게 되는 이유는 무엇일까? 가장 손쉽고 빠르고 맛있게 즐길 수 있는 패스트푸드이기 때문일까? 혹시 감자튀김과 햄버거에 또 다른 기능이 있는 건 아닐까?

마이애미대학교의 연구팀은 이 질문에 대한 실험을 진행했다. 그들은 먼저 실험 참가자들에게 두 종류의 공간에서 각각 다르게 주변을 인식할 수 있도록 환경을 조성했다. 연구팀은 참가자들 눈에 잘 보이는 곳에 포스터를 걸어두었는데, 한 공간에는 평범한 낱말이 적힌 포스터를,

다른 한 공간에는 '비참', '생존'처럼 위기감이 물씬 풍기는 낱말이 적힌 포스터를 걸어두었다. 그런 식으로 상반된 환경을 조성한 다음 참가자들이 고칼로리인 사탕이나 과자를 얼마나 섭취하는지 관찰했다.

그 결과 참가자들은 주변 환경이 힘들고 불합리하다고 인식할수록 평범한 환경에 노출되었을 때보다 고칼로리 음식을 더 많이 섭취했다. 위기감을 조성하는 포스터에 노출된 실험 참가자들이 앞으로 예상되는 힘든 시기를 준비하고, 그것으로 생길 수 있을 자원 부족에 대비하기 위해 최대한 빨리 더 많은 양의 칼로리를 섭취한 것이다.

심리학자들은 또 다른 연구에서 참가자들이 사용 가능한 자원을 다양한 방식으로 설정해보았다. 힘든 환경일지라도 돈과 같은 형태의 자원을 풍족히 쓸 수 있다는 인상을 받자 참가자들의 과자 섭취량은 평범한 환경에 있을 때와 크게 달라지지 않았다. 이처럼 자원 가용성을 인식하는 것은 식습관에 엄청난 영향력을 행사한다.

또한 고칼로리 음식 섭취를 결정하는 것은 주변 환경의 조건이 얼마나 오랫동안 지속되는지에 달려 있다고 연구팀은 말한다. 세 번째 실험에서 연구팀은 참가자들이 힘든 환경이 앞으로 얼마 지속되지 않을 것임을 인지하는 순간 고칼로리 음식을 대체할 대안을 선택한다는 것을 발견했다. 장기적으로 한정된 자원이 이어질 경우에는 자원을 절약하기 위해 보다 가볍고 건강한 음식을 선택했다.

연구팀은 사람들이 고칼로리 음식을 선호하는 데에는 순수한 맛의 문제뿐만 아니라 근본적인 생존 전략과도 관련이 있다는 결론을 내렸다. 이런 맥락에서 오늘날 패스트 푸드 체인 업계가 그 혜택을 톡톡히 보고 있다.

유령 진동 증후군

환각이라는 키워드에 대해 얘기하면 엘에스디ᴸˢᴰ 또는 다른 마약류에 의한 시각적 효과를 연상하는 사람도 있을 것이다. 하지만 꼭 이러한 환각제를 복용하지 않아도 환각 상태를 경험할 수 있다. 그리고 분명 누구나 한 번쯤은 이를 경험해본 적이 있을 것이다.

한 연구에서 시행한 설문에 응답한 학생의 89퍼센트가 울리지 않는 휴대폰의 진동을 느낀 적이 있다고 대답했다. 인지심리학에서 주목하는 이 현상은 일명 '유령 진동 증후군ᴾʰᵃⁿᵗᵒᵐ ⱽⁱᵇʳᵃᵗⁱᵒⁿ ˢʸⁿᵈʳᵒᵐ'으로 알려져 있다. 이는 실제로 발생한 감각적 자극(옷의 정전기나 피부나 근육의 경련 등)을 잘못 인지하면서 발생한다. 하지만 자극이 전혀 없는 상황에서 진동을 느끼기도 하는데 이를 '촉각 환각'이라고 한다.

'파블로프의 개'가 그랬던 것처럼 사람들은 대부분 고전적 조건화 원칙에 따라 진동을 사회적 의사소통과 연결시키도록 학습된다. 휴대폰을 사용하다 보면 진동과 같은 자극에 반응하는 민감도가 몹시 높아지고, 유사한 자극을 인식하고 해석하는 과정에서 오류의 비율이 증가한다. 학습 과정에 소요되는 기간은 천차만별이다. 휴대폰을 사용하고 1개월 후 유령 진동을 경험했다고 답한 응답자는 17퍼센트였으며 1년 이상의 시간이 걸렸다고 답한 응답자는 23퍼센트였다.

유령 진동이 발생하는 횟수에도 차이가 두드러졌다. 평균 한 달에 한 번 꼴로 유령 진동을 경험했다고 답한 응답자는 33퍼센트였고, 하루에도 여러 번씩 이러한 진동을 착각하는 응답자도 약 2퍼센트에 달했다. 유령 진동을 자주 느끼는 빈도는 특히 휴대폰 사용량과 관련이 있었다. 평소에 실제 휴대폰 진동을 자주 느꼈던 사람일수록 진동과 유사한 자극에 착각을 일으킬 가능성이 높은 것이다. 또한 다소 성실하지 못한 사람이 매우 성실한 사람에 비해 유령 진동을 더 자주 느꼈다. 성실한 사람은 무엇보다 자제력이 매우 강하고 목표 지향적이므로 당장 하는 일과 관련이 없는 자극에 주의가 산만해질 가능성이 낮기 때문이다.

하지만 결론적으로, 울리지 않은 진동을 착각하여 힘들어하는 사람은 소수에 불과했다. 응답자의 9퍼센트만이 유령 진동을 불편하게 느꼈는데, 주로 정서적인 안정도가 부족한 사람들이었다.

유령 진동은 대부분 터무니없는 망상이 아니며, 이를 불편하게 여기는 사람도 그리 많지 않다. 그 때문인지 사람들은 유령 진동 증후군을 단순히 무해한 인지 오류로 여기는 듯하고, 이러한 증상의 치료법에도 관심 갖지 않는다. 그러므로 이러한 환각 작용에 대해 크게 걱정할 필요는 없다.

075

'쏜살같이 흐른 시간'의 비밀

즐겁기 때문에 시간이 눈 깜짝할 사이에 흘러가는 걸까?
아니면 시간이 빠르게 흘러서 더 즐겁게 느끼는 걸까?

그 해답을 찾기 위해 미국의 심리학자들은 참가자들에
게 꽤나 지루한 과제를 준 뒤 특정 시점에 10분이 흘렀다
고 통보했다. 그들은 참가자를 두 그룹으로 나누고 첫 번
째 그룹에게는 시험 시작 후 5분이 흐른 시점에, 두 번째
그룹에게는 20분이 흐른 시점에 '10분이 흘렀다'고 전달했
다. 그에 따라 좀처럼 시간이 흐르지 않는 것처럼 느낀 두
번째 그룹에 비해 첫 번째 그룹은 눈 깜짝할 사이에 시간

이 흐른 것처럼 느꼈다. 예상대로 첫 번째 그룹은 과제를 수행하는 내내 두 번째 그룹에 비해 기쁨, 도전, 참여, 즐거움과 같은 감정을 느꼈다고 보고했다. 참가자들에게 똑같이 10분 동안 과제를 풀게 한 후 한 그룹에게는 5분이, 또 다른 그룹에게는 20분이 흘렀다고 알려준 경우에도 결과는 동일했다.

시간이 더 빨리 흘렀다고 느낄수록 그 활동이 더 즐겁다고 생각하는 이유는 무엇일까? 아마도 그러한 감각이 예상 밖의 경험을 포괄하기 때문일 수도 있다. 시간이 빠르게 흘러간 것을 보면 지금 열중하고 있는 활동이 특히 흥미진진했다는 의미일 수 있기 때문이다. 하지만 이는 유독 빨리 흐른 시간을 달리 설명할 길이 없는 상황에 주로 해당된다.

두 번째 실험에서 참가자들은 귀마개를 착용했다. 참가자들의 절반에게는 '귀마개를 하면 시간이 더 빨리 가는 듯이 느껴질 것'이라는 정보를 준 반면 나머지 절반에게는 아무런 정보를 전달하지 않았다. 그러자 시간 지각 감각이 귀마개와 관련이 있음을 '알지 못했던' 참가자들이 예상보다 더 빨리 흘러가는 시간에 순수한 즐거움을 느꼈다.

사람들은 자신의 경험을 질적으로 판단하는 데 주관적인 시간 지각을 활용한다. 치과 대기실의 벽시계를 떠올려보라. 유독 시간이 빨리 흐르는 것 같지 않은가?

076

SNS만으로
그 사람을 알 수 있을까?

가끔 페이스북을 보면 저마다 고유한 스타일이 있는 것
이 흡사 광고대행사의 작품인 것처럼 보이는 프로필이 있
다. 사람들은 온라인에서 자신의 초콜릿 같은 면만 보여주
는 걸까? 아니면 페이스북 프로필이 실제 유저의 성격을
그대로 표현하고 있는 걸까?

성격심리학자 미차 바크Mitja Back를 비롯한 독일과 미국의
심리학자들이 이 질문에 대해 집중 탐구했다. 그리고 그
결과는 놀라웠다. 온라인 프로필은 프로필 소유자의 실제
모습을 매우 정확히 전달하고 있었다.

236명의 인터넷 포털 유저들은 두 차례에 걸친 성향 설문조사에 응답했다. 첫 번째는 본인이 생각하는 자기 모습에 대해(실제 성향), 두 번째는 되고 싶은 모습에 대해(이상적인 자아상) 대답했다. 그런 다음 아무 관계도 없는 외부인 10명을 선별하여 이 유저들의 온라인 프로필을 보여주고 그들의 성향을 파악하게 했다. 연구진은 평가단의 평가가 프로필 소유주의 실제 성향 및 이상적인 자아상과 얼마나 일치하는지를 조사했다.

외부인의 평가는 해당 프로필 유저의 실제 성향과는 정확히 일치했지만 그들이 이상적으로 생각하는 자아상과는 거리가 있었다. 온라인 프로필만으로도 그 사람이 사교적인지(외향성) 그리고 새로운 경험에 개방적인지 제대로 파악할 수 있었다. 하지만 소심한 태도와 예민성(신경증)을 평가하는 것은 힘들었다. 그러나 그런 측면은 실제 삶에서도 잘 모르는 누군가가 파악하기에는 어려운 일임이 확실하다.

어떻게 생판 모르는 사람의 평가가 이렇게 정확할 수 있는 걸까? 아날로그 감성의 현실에서도 그렇지만 가상의 네트워크 세상에도 개인 정보를 접할 수 있는 다양한 소스가 존재한다. 예컨대 직접 게시한 글과 사진은 물론 다른 온라인 유저들의 반응만 봐도 알 수 있다.

더욱이 인터넷 플랫폼은 최대한 자신에게 유리한 방식으로 표현하기 위해(이미지 관리) 활용되기보다는 자신의 취향이나 성향을 드러내기 위한 목적으로 활용되는 것이 대부분이다. 계속 접촉하는 한 내가 아닌 다른 누군가인 척 속이기란 매우 어렵다. 이는 아날로그적 생활은 물론 인터넷 세상에서도 마찬가지다.

077

레이디 인 레드

1986년 〈레이디 인 레드The Lady in Red〉로 차트를 휩쓴 크리스 디 버그Chris de Burgh는 강렬한 붉은색 옷을 걸친 여성들이 특별한 매력을 뽐낸다는 것을 제대로 알고 있었다. 심리학자들은 실제로 남성들이 데이트에서 붉은 옷을 입은 여성에게 훨씬 관대하다는 것을 입증했다.

물론 레드 컬러가 매력에 직접적인 영향을 미치는 것으로 보이지는 않지만, 그로써 성적 매력이 상승하는 징후가 보였다. 레드는 주로 여성의 성적 매력을 연상시키는 컬러로 자리 잡았다. 예컨대 레드라고 하면 사람들은 가장 먼저 홍등가, 붉게 칠한 입술 등을 떠올렸다. 생리학적인 측면에서 봐도 성적으로 흥분한 여성들은 얼굴을 비롯하여 가슴 상부 부위, 목덜미와 그 주변이 발그레해졌다. 또한 생식력이 가장 왕성한 배란기에 접어들면 피부가 조금 더 환해지고 홍조로 생기가 돌았다. 생식력은 여성들의 몸에 직접적인 신호를 보내기도 하지만 행동에 변화도 일으킨다. 생식력이 왕성한 기간에 여성들은 레드 컬러 의상을 입는 경향이 있다.

크리스 디 버그가 레드로 대히트를 치기 몇 년 전, 유라이어 힙Uriah Heep은 〈레이디 인 블랙Lady in Black〉을 유행시켰다. 이 컬러는 레드와는 또 다른 방식으로 매력도에 긍정적인 영향을 미쳤다. 블랙은 우아함의 대명사이자 이브닝드레스의 전형적인 컬러로 자리 잡았다. 소개팅 주선 사이트의 프로필 사진에 여성들이 가장 선호하는 의상 색이기도 하다. 패션계가 매번 다른 컬러를 '더 뉴 블랙'으로 내세우곤 하지만 어떻게 해도 블랙 의상은 패션계에서 절대 아웃되지 않는다. 트렌디하고 패셔너블한 의상을 입는 사람들이 더욱 매력적으로 평가받는 점이 그러한 긍정적인 효과를 설명한다고 애덤 파즈다Adam Pazda를 비롯한 로체스터대학교의 연구진은 추측했다.

한 연구에서 이성애자와 양성애자 미혼 남성 361명에게 같은 여성의 사진을 보여주었다. 그 여성들은 상황에 따라 레드, 블랙, 화이트 색상의 의상을 입고 있었다. 사진을 본 참가자들은 그 여성에게 성적으로 끌리는지, 그리고 얼마나 패셔너블하고 매력적으로 보이는지 대답했다. 실제로 실험에 참여한 남성들은 여자가 블랙 또는 화이트 원피스를 입었을 때보다 레드 원피스를 입었을 때 훨씬 섹시하다고 했고, 레드 계열 의상을 입은 여자가 실물보다 훨씬 더 매력적이고 섹시하게 보인다고 했다. 또한 남성들은 화이트 원피스보다 블랙 원피스를 입은 여자가 훨씬 더 패셔너블한 것으로 인식했으며, 레드 계열 의상을 입은 여자도 화이트 원피스를 입은 여자보다 패션 감각이 좋다고 생각했다. 또한 남성들이 패션 감각이 있고 세련됐다고 한 여성들이 매력도 측면에서도 훨씬 높게 나왔다.

이성에게 매력적으로 보이고 싶은 날에는 레드를 선택해라. 블랙이 뛰어난 패션 감각과 세련된 이미지를 연출해 준다면 레드는 패션 감각과 동시에 섹시한 이미지를 선사한다.

078

근육남에게 근육이란

많은 사람들이 자기 몸매에 만족하지 못한다. 일반적으로 여성이 날씬한 몸매를 추구한다면, 남성은 근육이 많아지기를 바란다. 이러한 이상적인 외모에 대한 발상은 미디어를 통해 확산되었다. 하지만 사회 구조 또한 신체와 신체 경험에 관한 사람들의 태도에 영향을 미친다.

심리학자 비렌 스와미Viren Swami와 마틴 보라체크Martin Voracek에 따르면 가부장적인 사회일수록 강한 근육을 매력적으로 평가하는 경향이 있다. 근육질 체형의 남성적인 외모가 두드러질수록 권력의 측면, 즉 자신이 강한 남성이라는 것을 외부에 보여주기가 수월하다는 것이다. 여성의 신체를 그저 성적 대상으로 보는 남성의 여성 혐오적 관점에도 이러한 태도가 나타난다. 이전의 연구에서 입증되었던 것처럼, 근육질의 육체파 몸매가 여성에게 성적 매력을 풍긴다고 생각한 남성들이 특히 근육질 몸매를 추구하는 경향을 보였다.

스와미와 보라체크는 그들이 세운 가설을 입증하기 위해 이성애자 남성 327명에게 다양한 설문조사를 실행했다. 참가자의 답변은 전부 익명으로 진행되었다. 근육질의 육체파를 추구하는 것과 성적 매력의 상관관계를 살펴본 연구진은 남성들이 '내가 좀 더 근육질이었으면 좋겠다', '여자들이 자신의 권리뿐만 아니라 좋은 아내가 되고 엄마가 되는 데 관심을 가졌으면 좋겠다'와 같은 생각에 동의하는지 조사했다. 또한 여성의 외모나 능력을 얼마나 보는지도 확인했다. 여성의 외모만을 중시하고 능력을 그리 중요하게 생각하지 않는다면 여성을 주로 성적 대상으로만 간주한다는 것을 의미한다.

그러자 실제로 성차별 성향이 있는 남성이 좀 더 근육질 체형을 선호하는 것으로 나타났다. 근육을 더 크게 키우는 데 적극적인 이들은 여성을 다소 무시하는 경향을 보였다.

성차별 성향이 있는 남성은 무엇보다 남성성이 주는 이상적인 아름다움을 옹호한다. 이러한 이상이 실현되지 못하면 자신의 몸매에 대한 불만이 쌓여 신체적, 정신적 건강 문제로 이어지는 경우도 종종 있다. 하지만 이러한 가부장적인 태도는 여성뿐만 아니라 남성에게도 해롭다.

079

롤 모델 효과

예전만큼은 아니지만 아직도 '여자는 수학에 약하다'는 클리셰가 종종 드러날 때가 있다. 남성과 동등한 능력을 갖췄더라도 여성이 전문기술직을 선택하는 경우는 여전히 드문 편이다. 왜 그런 걸까?

그 이유 중 하나는 그나마 이공계열 직업을 가진 소수의 여성들이 주변에 잘 보이지 않기 때문이다. 그러므로 어린 소녀들은 그런 직종이 여성에게 적절하지 않다고 짐작하게 되고, 아예 손을 뻗어볼 생각조차 하지 않는 악순환으로 이어진다.

여성들에게 보다 수월하게 이공계열 직업에 대한 확신을 얻게 해주는 방법은 바로 해당 분야에서 성공한 여성을 소개하는 것이다. 사프나 체리안Sapna Cheryan과 연구진은 이러한 롤 모델 효과가 어린 소녀의 자기평가에 미치는 영향을 연구 주제로 삼았다. 연구진은 실험에서 어린 소녀들에게 자칭 정보처리학 전공자라고 밝힌 여학생 및 남학생을 소개했다. 수수한 옷차림에 전반적인 관심사를 말하는 롤 모델은 세간에서 흔히 말하는 '컴퓨터 괴짜' 이미지에 딱 들어맞았다. 안경을 쓰고, "나는 프로그래밍을 한다. 고로 존재한다"라는 문구가 박힌 티셔츠를 입고, '스타워즈'가 취미인 부류. 성별이 남성이든 여성이든 이러한 고정관념에 부합하는 공대생과의 만남은 실험 참가자들이 전산학도로서 성공할 미래를 그리는 데 매우 부정적인 영향을 미쳤다. 반면 모든 면이 평균 이상인 롤 모델과 만난 여학생들의 기대치는 확연히 긍정적이었다.

　그러므로 중요한 것은 롤 모델의 성별이 아니다. 무엇보다 대상자와 유사한 특성을 지닌 롤 모델의 모습과 태도가 중요하다. 단순히 남성이 대다수인 직군에서 승승장구하고 있거나 괄목할 만한 성공을 이룬 여성의 사례를 소개하는 것만으로는 전혀 충분하지 않다. 해당 여성 롤 모델의 매력이 부족하다고 인지하는 순간 오히려 개인의 판단에 부정적인 영향을 미친다. 괴짜 공대생처럼 입혀놓는다면 마리 퀴리조차 소녀들을 설득하지 못할 것이다.

080

나와 비슷하니까 믿을 만해!

　자신과 외모가 비슷한 상대일수록 그 사람을 신뢰하고 협력하는 속도 또한 빨라진다. 이런 현상을 설명할 수 있는 한 가지 이유는, 대다수가 자기 모습을 긍정적으로 평가하고 있으며, 자기 모습이 타인에게 비춰지는 신뢰도 역시 평균 이상이라고 판단하기 때문일 것이다. 따라서 그런 나와 닮은 사람이라면 분명 믿을 만한 사람이라고 생각한다. 또한 비슷한 외모를 토대로 가치관과 도덕적 사고방식마저 닮았을 거라는 결론을 내린다.

　영국의 심리학자들은 이것이 역으로도 가능할지 연구했

다. 다시 말해 신뢰할 만한 사람이 외형적으로 나와 비슷한 외모를 지닐 수 있는지에 초점을 맞췄다. 왜냐하면 신뢰성 또한 유전학적 유사성을 위한 지표로 간주할 수 있기 때문이다. 그로써 '나와 비슷한 부류인 사람은 나와 닮은 점이 전혀 없는 사람에 비해 나와 시각적으로도 비슷하다'라는 가정을 세워볼 수 있다.

연구를 위해 진행한 실험은 일종의 게임처럼 진행했다. 실험 참가자들은 우선 함께 게임을 할 두 팀원 후보의 사진을 건네받았다. 그중 한 팀원의 사진은 합성 사진이다. 즉 두 팀원 중 한 명의 사진에는 참가자의 사진을 그래픽으로 합성해놓았다. 참가자는 우선 사진만 보고 상대를 파악한 뒤 결정을 내려야 했다. 연구진은 참가자가 팀원의 사진을 보며 자신과 닮은 점을 얼마나 많이 알아차리는지 알고 싶었다.

그런 다음 참가자들에게 함께 게임할 두 사람에게 분배해줄 돈을 건넸다. 물론 참가자가 원한다면 돈을 나누지 않고 전부 가져도 되지만, 돈을 나누면 액수는 세 배로 늘어난다. 하지만 늘어난 만큼 추가로 돈을 받은 상대가 그중 얼마를 되돌려줄지는 순전히 상대의 호의에 달려 있다.

팀원과 협력만 잘 이뤄진다면 최종적으로는 서로 최대한의 돈을 가질 수 있다는 장점이 있다. 하지만 이기적인 플레이어와 게임을 하면 같은 과정을 겪어도 결국은 돈을 잃는 것으로 끝이 난다.

함께할 팀원을 고르는 결정을 내린 실험 참가자들은 선택한 플레이어가 받은 돈을 얼마나 돌려줄지 말하는 짧은 영상을 시청했다. 한 플레이어는 70퍼센트를, 그리고 다른 한 플레이어는 10퍼센트를 돌려주겠다고 말했다. 그런 뒤 앞서 언급했던 사진들을 재차 살펴본 후 그 사진을 보고 평가를 내린 것이 얼마나 정확했는지 재평가했다. 게임을 마친 참가자들은 그제야 신뢰할 만한 플레이어라고 선택한 사진에 본인의 사진이 합성되었다는 사실을 알아차렸다.

실제로 우리는 우리가 신뢰하는 사람들이 자기와 비슷하다고 평가한다. 명확한 경험을 통해 구축된 신뢰는 이러한 유사성의 징표가 된다. 이런 방식으로 인식된 유사성에 의해 그 사람에 대한 신뢰가 증가한다. 이러한 메커니즘은 무엇보다 생존에 필요한 협력을 조율하는 기능을 하는 것으로 보인다.

5

사회적 동물이 살아가는 법
:관계와 소통

081

"OO처럼 해주세요"

요즘 호텔 욕실에 들어서면 "환경보호를 위해, 일일 수건 교체 서비스를 신청하기 전에 한 번만 다시 생각해주세요"라는 문구가 눈에 띈다. 스티커 또는 세워놓은 작은 표지판에는 날마다 수건을 세탁했을 때 일어날 결과를 알려주는 정보가 붙어 있다. 물론 좋은 취지임은 분명하다. 하지만 이런 경고가 실제로 설득력이 있을까?

미국 호텔 투숙객의 약 75퍼센트는 해당 메시지를 접한 후 호텔 투숙 기간 중 적어도 한 번은 수건을 재사용했다고 한다. 분명 유의미한 행보이지만 정말 환경에 도움이 되려면 그것만으로는 턱없이 부족하다. 따라서 연구진은 호텔 투숙객의 친환경 캠페인 참여를 높일 방법을 찾아보았다.

이때 사회적 규범, 즉 대다수 사람들의 선한 행동을 참조하게 하는 것도 한 가지 방법이 될 수 있을 것이다. 한 실험에서 미국 심리학자들은 사회적 규범이 적힌 표지판을 세워두었다. 기존의 표지판에 주로 "환경보호에 협조해주세요"라는 전형적인 문구가 있었다면 새로운 표지판에는 "다른 투숙객처럼 적극 동참하며 환경보호에 앞장서주세요"라는 문구를 표기했다. 예전 표지판에 의한 수건 재사용률이 35퍼센트였다면 새로운 표지판을 본 투숙객의 수건 재사용률은 44퍼센트로 상승했다. 즉 표지판에 낱말 몇 개 바꾼 것만으로도 투숙객들이 수건 재사용에 훨씬 적극적으로 동참한 것이다.

두 번째 실험에서는 동기부여를 위해 사회적 규범을 활용할 때 가장 적합한 비교 집단이 무엇인지 조사했다. 연구진은 호텔 투숙객과 비교 집단의 조건이 유사할수록 수건 재사용에 대한 동기가 상승할 것이라고 가정했다. 실험에는 "다른 시민들처럼 적극 동참하며 환경보호에 앞장서주세요", "다른 남성(여성)들처럼 환경보호에 협조해주세요", "다른 투숙객처럼 환경보호에 적극 동참해주세요"와 같은 문구가 활용됐다. 마지막 문구에는 해당 객실의 수건 재사용률까지 언급했다. "이 객실(303호)에 머문 투숙객의 75퍼센트가 환경보호 프로그램에 동참했으며 1회 이상 수건을 재사용했습니다." 객실 입구에는 "환경보호에 동참해주세요"라는 기본 문구가 적힌 표지판을 놓아두었다.

실험 결과 같은 객실에 머문 투숙객의 수건 재사용률을 명시한 표지판을 세워두었을 때 투숙객의 참여율이 가장 높았다(49.3퍼센트). 비교 집단을 더 구체적이고 정확하게 구분해서 표기할수록 사회적 규범이 수건 재사용이라는 동기를 부여하는 데 도움이 되었다. 다시 말해 사회적 규범의 활용은 환경 문제와 관련하여 지속적인 행동으로 이어지도록 자극하는 데 효과적이다. 타깃이 된 목표 집단이 규범 집단과 제대로 동일시된다면, 환경보호에 크게 기여할 수 있다.

082

누구랑 식사하세요?

레스토랑, 매점 또는 구내식당에 들어서면 항상 선택의 기로에 놓인다. 엉덩이에 토실하게 살이 오르게 할 맛난 음식을 선택할 것인가? 아니면 바람직한 저칼로리 샐러드를 선택할 것인가? 후식으로는 바닐라 푸딩이 좋을까? 아니면 가벼운 과일 샐러드? 우리는 우리가 먹을 음식을 어떤 기준으로 고르는 걸까?

우리가 무슨 음식을 주문하는지는 개인의 취향 외에 함께 식사하는 상대에 좌우된다. 남성과 식사를 하는 여성은 동성과 식사하는 여성에 비해 주로 저칼로리 식단을 주문한다. 이는 집단일 경우에도 적용되었다. 식사 장소에 남성이 많을수록 여성이 주문하는 음식의 열량이 낮아졌다. 또 동성과 식사하는 경우 여성이 주문하는 메뉴의 칼로리는 동석자와 비슷했다. 이와 같은 발견을 한 것은 바로 캐나다 맥마스터대학교의 연구진이다.

메레디스 영Meredith Young을 필두로 한 심리학자들은 교내 식당에서 학생들이 식판에 올려놓은 음식을 유심히 관찰했다. 여학생들은 동행하는 사람에 따라 고칼로리/저칼로리 음식을 선택한 반면 남학생들은 동행자의 여부에 아무런 영향도 받지 않았다. 다시 말해 함께 식사하는 사람의 성별이나 집단의 크기는 남성이 메뉴를 선택하는 것과 아무 상관도 없었다. 메레디스 영의 연구팀은 남자의 경우 여자와 함께 식사할 때 상대에게 주의 깊은 인상을 남기기 위해 오히려 더 많이 먹는 경향이 있다고 보았다.

연구진은 그러한 연구 결과를 자연스러운 일상생활 환경에 적용해보았다. 사람들은 친구와 함께 먹거나 텔레비전을 보며 식사할 때, 혼자 식사할 때보다 더 많은 양을 먹었다. 이는 아이들도 마찬가지였다. 아이들은 다른 아이들과 함께 식사할 때 평소보다 피자를 더 많이 먹는 것으로 조사됐다.

연구 결과들을 토대로 메레디스 영은 "식사는 사회적 활동이다"라고 자신의 소견을 밝혔고, "무엇을, 얼마나 먹느냐는 그것을 인식하는 타인의 시선에 영향을 받는다"고 주장했다. 식료품 광고의 타깃은 주로 여성 소비자들이다. 그러므로 광고에는 일반적으로 날씬한 여성이 모델로 등장한다. '날씬한 식사'는 상당히 매력적으로 보인다. 적어도 여성의 관점에서는 그렇다.

의식적이든 무의식적이든, 대학교의 구내식당에서 여성들이 이와 같은 전략적 자기표현, 즉 인상 관리Impression Management를 하는 것은 아마도 주변의 또래와 잠재적 파트너에게 좋은 인상을 심어주기 위한 행동과 연관이 있을 것이다. 하지만 실제로 이러한 메뉴 선택을 통한 매력 어필이 같이 식사하는 남학생들에게 가닿는지는 유감스럽게도 본 연구에서 알 수 없었다.

083

나는 분명히 표현했는데!

이런 상황을 상상해보자. 싱글인 나는 지인이 연 파티에 초대받았다. 마침내 파티가 시작되었고, 나는 싱글인 다른 누군가를 소개받았다. 서로 대화를 나누다 보니 공통점도, 통하는 부분도 많아 상대에게 관심이 생겼다. 나는 상대의 눈에도 확연히 보일 정도로 호감을 표현했지만, 유감스럽게도 상대는 아무런 반응이 없고 내가 보내는 신호를 알아차리지도 못한 것 같다.

심리학적 관점으로 보면 지금 당신이 경험하고 있는 것은 일명 접근-회피 갈등이다. 새로운 연애 상대를 찾는 사

람들은 인간관계에 대한 갈망을 느끼지만, 다른 한편으로
는 거절당할까 봐 두려워한다. 미국의 심리학자 재키 보라
우어Jacquie D. Vorauer, 제시카 캐머런Jessica J. Cameron, 존 홈스John G.
Holmes 및 디아나 피어스Deanna G. Pearce는 유독 거절을 두려워
하는 사람의 경우 자기 인식이 왜곡되어 있을 것이라고 추
측했다. 그런 사람일수록 자신이 상대에게 느끼는 관심이
얼마나 큰지 명확하고 정확하게 표현했다고 생각하지만,
실제로는 그런 신호가 전혀 보이지 않는 것이다.

  연구진은 실험을 위해 네 가지 시나리오를 완성했다. 참
가자들은 실제로 존재하는 누군가를 연상하거나 미지의
인물을 상상하며 상황극을 했다. 실험을 마친 후 참가자들
은 상대에게 보낸 신호가 얼마나 명확했는지 직접 평가했
다. 이 과정에서 심리학자들은 거절을 두려워하는 사람일
수록 스스로 생각한 것보다 훨씬 미미한 신호를 보낸다는
것을 발견했다. 역설적이지만 이러한 왜곡된 자기 인식은
상대에게 관심이 클수록 더 강하게 나타났다. 왜곡된 자기
인식이 일어나게 되는 원인은 무엇일까?

  평소 거절을 두려워하는 사람은 상대가 자신의 두려움
을 알아차릴까 봐 전전긍긍한다. 때문에 상대에게 성큼 다

가서기보다는 조금씩 서서히 접근하면서, 상대가 그 노력을 알아차려주기를 바란다. 그러므로 평소 불안이 심한 사람일수록 자신이 생각한 그 소소한 단계가 적어도 두 배의 강도로 늘어날 때까지 노력을 멈추지 말아야 한다. 물론 그런 성향을 지닌 사람은 그렇게 행동하지 않으므로 악순환은 계속 이어진다. 두려움이 큰 사람은 항상 거절 가능성을 염두에 두고 있다. 그렇기에 혹시라도 상대에게서 관심이 전혀 없음을 알리는 신호를 느낄까 봐 애당초 중립적인 태도를 취하는 것이다. 상황은 계속 그렇게 반복된다.

평소 수줍음이 많은 편이라면 두려움과 불확신이 자신의 생각만큼 타인에게 읽히지 않는다는 것을 깨달을 필요가 있다. 이런 악순환의 고리를 끊고 관심이 있는 사람에게 다가서려면 먼저 자신의 내면에 자리한 불확신을 놓아주어야 한다.

084

반려견이 반려자의
역할을 할 수 있을까?

경비견이든, 사냥견이든, 안내견이든 반려견은 다재다능할 뿐만 아니라 주인에게 긍정적인 영향을 미친다. 개를 키우는 사람은 행복 지수가 높아 불안, 고독, 우울감으로 힘들어하는 경우가 적고, 병에 걸려도 쉽게 회복할 가능성이 높은 편이다. 이 네발짐승이 이렇게까지 우리에게 유익한 이유는 무엇일까?

미국 심리학자 클라인 클라크Cline Clark는 반려견 키우기와 건강 상태의 상관관계를 심층 분석했다. 연구진은 특히 반려견의 주인이 정말로 우울증에 덜 걸리는지 검증하고자 했다. 연구진은 실제로 반려견을 키우는 것과 우울증 감소가 연관이 있음을 발견했다. 물론 모든 사람에게 해당되는 것은 아니었다. 특히 싱글족에게는 그 영향력이 매우 긍정적이었지만 기혼자의 경우 그에 비해 미미했다.

그렇다면 반려견이 사람에게 이로운 건 짝꿍의 자리를 대신하고 긴급할 때 최고의 친구가 되어주기 때문인 걸까? 미국에서 시행된 또 다른 연구에 의하면 반려견은 주인에게 사회적 지지와 소속감을 향한 사회적 욕구 및 의미를 충족시켜준다. 연구진은 반려견이 마음의 상처가 되는 거절을 겪었을 때처럼 힘든 상황이나 위로가 필요한 상황에서 친한 친구처럼 위로가 된다는 것을 밝혀냈다. 실제로 반려견에게는 주인의 사회적 욕구를 충족시켜주는 능력이 있는 것이다. "개는 사람과 가장 친한 친구"라는 말은 일리가 있다.

하지만 만약 나도 한번 반려견을 길러볼까 하는 고민을 하고 있다면, 부슬부슬 비가 내리는 일요일 아침에도 일찍 일어나고, 저녁마다 최대한 빨리 집에 가려고 서두르고, 휴가 때도 항상 반려견을 데리고 다녀야 하는 상황을 전부 감수할 수 있는지 진심으로 심사숙고해봐야 한다. 주말에

는 늦잠을 즐기고, 퇴근 후 친구들과 함께하는 맥주 한잔
이 큰 낙이며, 에메랄드빛 카리브해 해변에서 보내는 근사
한 휴가에 대한 로망이 있다면 다른 방식의 사회적 지지를
찾아보는 것이 좋다. 이 네발 달린 친구는 주인이 언제나
그들의 욕구를 전부 충족시켜줄 것이라고 기대하기 때문
이다. 그것도 아주 확고하게 말이다.

085

스마트폰 좀비가 되는 이유

정말 많은 사람들이 스마트폰을 손에 쥐면서 하루 일과를 시작하고 마친다. 통계에 따르면 사람들은 하루 평균 최대 서른네 번까지 스마트폰을 들여다본다고 한다. 어쩌다 사람들이 이렇게까지 스마트폰 좀비가 되어버린 걸까?

심리학자들은 자기효능감self efficacy이 낮은 사람들이 주로 스마트폰 사용에 집착하는 경향이 있다는 것을 발견했다. 자기효능감이란 자신의 운명에 스스로 영향력을 행사할 수 있다고 믿는 신념을 의미한다. 자기효능감이 낮은 사람은 주로 외부 요인에 의해 자신의 삶이 결정된다고 생각한다. 그래서 제 손으로 직접 자기 인생을 성취해내려는 동기부여도 부족하다. 그렇게 그들은 스마트폰을 얼마나 자주 사용할지 직접 결정하기보다 스마트폰이 그들의 삶을 통제하는 것을 허용한다.

또한 사회적 불안이 있는 사람들도 몇 분마다 스마트폰을 확인하곤 한다. 그들은 그런 방식으로 사회적 고립을 피하는 동시에 직접적인 사회적 상호작용에 대처한다. 흥미롭게도 이러한 방식은 대부분 여성에게만 적용되는 것으로 보인다. 남성들은 스마트폰을 사회 연결망social network-ing으로서 사용하기보다는 주로 업무에 활용하는 편이었다. 반면 스마트폰을 주로 사회 연결망으로서 사용하는 여성들은 사회생활을 할 때도 남성에 비해 스마트폰에 더 의존했다.

최근에 출시된 신상 모델이 자아실현의 이정표라고 생각하는 스마트폰 좀비들의 또 다른 특징은 바로 물질주의다. 그들은 자신이 보유한 스마트폰과 정서적 관계를 형성한다. 그리고 이는 자칫 강박적인 행동으로 이어질 수 있다.

강박적으로 스마트폰을 남용할 위험이 있는 세 가지 성격 요인(낮은 자기효능감, 강한 사회적 불안, 확연한 물질주의)이 또 다른 문제적 행동(약물 및 알코올 남용)을 유발할 수 있다고 해도 전혀 이상하지 않다. 하지만 스마트폰 사용은 특정 부류에게만 위험 요인으로 간주되고 있다.

그렇지만 과도한 스마트폰 사용으로 인한 부작용이 또 다른 첨단 기술에서 파생된 문제 행동(인터넷 중독)보다 훨씬 심각한 수준이라고 단언할 수는 없다. 아직은 스마트폰 사용에 대한 연구가 초기 단계이므로 실질적이고 적절한 결론을 내리기에는 시기상조이다. 어쨌거나 때로는 스마트폰 없이 외출한다고 해서 해로울 일은 없다는 건 확실하다.

086

행복한 관계를 위한 7×3분

    좋든 싫든 결혼의 만족도란 신혼 초기에 높은 상승 곡선을 그린 후 점차 떨어지기 마련이다. 이러한 전개에 가장 많이 기여하는 것은 이른바 부정적 상호작용이다. 예컨대 아내가 남편의 자녀교육 태도에 비판 어린 비난을 쏟아내면, 남편은 아내의 판단력을 폄하하는 말로 날카롭게 대응한다. 여기서 부정적인 상승효과가 시작되는 것이다.

    이런 상황에서는 어떻게 하는 것이 좋을까? 부부 클리닉에 많은 돈과 시간을 투자하는 방법도 있다. 하지만 정체되고 부정적인 의사소통 방식은 단 하룻밤 만에 변하지 않는다. 그렇지 않은가?

하지만 사실 하룻밤도 필요 없다. 단 21분이면 충분하다. 심리학자 엘리 핀켈Eli Finkel과 그의 동료들은 2년간 평균 결혼 11년 차 이상인 120쌍의 부부를 대상으로 실험을 진행했다. 참가자들은 4개월마다 결혼생활 만족도를 측정하는 설문에 응답했다. 실험 첫 해에는 결혼 만족도가 지속적으로 감소하는 것으로 측정됐다. 2년 차부터는 참가자들을 두 집단으로 분류했다. 첫 번째 집단은 정기적으로 결혼 만족도만 보고했고, 두 번째 집단은 최근에 불거진 부부 갈등이 제3자의 시각에서 어떻게 보일지 묻는 세 가지 추가 질문에도 답해야 했다. 참가자들은 7분 동안 두 사람 모두에게 좋은 방향을 바라는 타인의 중립적인 시각으로 그 문제를 살펴보았다. 그런 다음 두 사람의 문제점이 무엇이었는지 보고했다. 연구진은 참가자에게 다음에 갈등이 발생할 경우 그러한 관점의 변화를 그대로 적용해볼 것을 요청했다.

그다음 해에는 어떤 변화가 있었을까? 관점의 변화를 시도하지 않은 첫 번째 집단에 비해 두 번째 집단은 더 이상 결혼 만족도가 감소하지 않았다. 7분씩 세 번 투자하는 것만으로 부정적인 상호작용을 일으키는 하향 나선을 멈추는 데 충분했던 것이다. 새로운 시각으로 부부의 갈등을 평가하는 행동만으로도 상대를 대하는 부정적인 태도가 감소했다.

이렇게 좋은 결과를 손쉽게 얻어내는 걸 지켜보자니 머릿속에 많은 질문이 떠오를 것이다. '어느 정도 시간이 흐르면 어쩔 수 없이 과거의 패턴으로 돌아가지 않을까?' '두 사람 중 한 사람만 참여해도 효과가 있을까?' 떠오르는 모든 질문에 전부 답할 수는 없어도 한 가지만큼은 확실하다. 자기 입장에서 벗어나 생각할 기회가 늘어날수록 상대에게 화를 터트리기가 어려워진다.

피하지 말고 다가가라

사랑하는 사람과의 로맨틱한 관계는 정서적 안정의 근원이 된다. 그러나 동시에 고통이나 슬픔, 정신적 아픔의 원인이 되기도 한다. 당장 인생에서 뭐가 가장 힘드냐고 물어보면 인간관계 문제라고 답하는 사람을 쉽게 찾아볼 수 있다.

대인관계 문제나 이별은 사람이 겪을 수 있는 가장 고통스러운 경험으로 손꼽힌다. 미국의 심리학자 셸리 게이블Shelly Gable과 에밀리 임페트Emily Impett는 애정 관계에서 선택과 위기를 마주한 사람들의 대처법에 대해 자세히 연구했다.

두 심리학자는 연애를 시작한 두 사람의 '접근'과 '회피' 동기가 애정 관계의 질을 좌우하는 결정적 요인이라고 보았다. 이 두 가지 동기 유형은 비교적 안정적인 성격에서 발동된다. 관계에서 접근 동기가 활성화된 사람은 상대와의 친밀감을 형성하거나 관계를 개선하기 위해 긍정적인 노력을 이어나간다. 회피 동기 성향을 지녔다면 분쟁이나 거절과 같은 부정적인 요소를 최대한 관계에서 제외시키려고 노력한다.

올바른 육아 방식을 두고 토론하는 과정에서도 접근 지향적인 배우자는 마지막에 두 사람이 전부 만족할 만한 결과를 이끌어내려고 한다. 반면 회피 지향적이라면 어떻게든 다툼을 피하는 것을 우선시하므로 결국 둘이서 내린 결과에 서로 만족하지 못하게 된다. 두 사람이 내적으로는 동일한 것을 추구하더라도 그 목적을 정의하는 방식이 그 관계의 성공 유무를 좌우한다.

게이블과 임페트의 연구에 따르면 접근 지향적인 사람은 사회적 측면에 만족하고, 평소에 덜 외로워한다. 회피 지향적 성향이 강할수록 불안과 외로움을 자주 토로한다. 제3자의 시각에서도 접근 지향적 성향인 부부가 회피 지향적 부부보다 행복해 보인다. 관계 안에서 바라볼 때도 회피 성향이 강한 배우자와 사는 사람은 불만이 많았다.

특정 동기 성향은 본인의 감정, 생각, 행동뿐만 아니라 상대에게도 영향을 미치는 것으로 보인다. 애정 관계에서 어떤 경험(긍정적/부정적)을 하는지는 접근/회피 성향에 크게 좌우된다.

088

협상할 때는
공감하지 마라

구매한 제품을 환불하려고 할 때, 임금 인상을 위해 연봉 협상을 하거나, 휴가 때 어디로 여행을 가면 좋을지 배우자와 상의해야 할 때, 이런 상황에서 자신의 의견을 얼마나 관철시킬 수 있는가? 협상에서 밑지는 일이 자주 일어나지는 않는가?

협상에서는 요구 사항을 어떻게 표현하느냐가 아니라 사회적 능력을 어떻게 사용하는지가 중요하다. 상대가 협상에서 어떤 방식으로 생각하는지, 상대의 관심사가 무엇인지, 세상을 바라보는 가치관이 어떠한지 제대로 파악하는 것은 우리가 목표한 바를 이루는 데 큰 이점이 된다.

심리학자들은 상대의 입장에서 생각하는 방식을 두 가지로 구분한다. '관점 수용'은 타인의 시각으로 세상을 인식하는 것이다. 반면 '공감'이란 상대와 자신을 정서적으로 연결시키고 상대의 감정에 몰입하는 것을 말한다.

애덤 갈린스키Adam Galinsky와 그의 동료들은 세 가지 실험을 통해 협상에서 관점 수용과 공감이 어떠한 방식으로 성공에 영향을 미치는지 조사했다. 이 실험을 통해 연구진은 관점 수용과 공감이 협상 테이블에서 다양한 결과를 이끌어낸다는 것을 증명했다. 협상에서 관점 수용 능력은 상대와 협력할 기회를 포착하고 그것으로 상대와 원원win-win할 수 있는 상황을 이끌어내는 가능성을 높였다. 관점 수용을 활용하면 경쟁과 협력 사이에서 완벽한 균형을 찾아내기가 한결 수월해진다. 따라서 협상에 성공할 가능성도 높아진다.

반면 공감은 협상에서 성공적인 결과를 얻는 데 생각만큼 크게 기여하지 못한다. 과도한 감정이입은 자칫 자신이 원했던 관심사를 등한시하는 상황으로 이어질 수 있기 때문이다. 물론 공감 능력은 여러 사회적 상황에서 핵심 역할을 하는 주요한 사회적 특성임이 분명하지만, 협상에서 개인의 목적을 이룰 때는 크게 도움이 되지 않는다. 결국 성공적인 협상의 기술은 '상대처럼 생각하고 자신의 느낌을 따르라!'이다.

089

노인과 평화

예기치 못한 논쟁에 휘말렸을 때 당신은 어떻게 반응하는가? 그런 상황에서 상대에게 맞서느냐, 한 걸음 뒤로 물러나 갈등을 피하느냐는 나이와 관련이 있다.

연구진은 한 실험에서 연속 8일간 청년층, 중년층, 노년층과 전화 인터뷰를 진행했다. 인터뷰에서 참가자들은 분쟁이 생겼을 때와 그 해결 방식에 대해 이야기했다. 또한 연구진은 당일 그들이 느낀 부정적인 감정에 대해 질문했다. 이에 사람들은 말 그대로 가슴이 아프고, 자신이 쓸모없는 것 같고, 좌절하고, 긴장하거나 안절부절못하는 기분을 느낀다고 답했다.

이러한 갈등을 해소하기 위해 어떤 전략을 사용하는지는 그 순간의 기분에 따라 여러 요인이 영향을 미쳤으며, 이는 응답자의 연령대와는 무관했다. 그러나 갈등으로 생긴 부정적 감정을 다루는 데는 연령대에 따라 차이가 있었다. 청년층과 중년층은 갈등이 생길 경우 적극적으로 맞서느냐 회피하느냐와 상관없이 무조건 기분이 바닥으로 곤두박질쳤지만, 노년층은 분쟁을 피할 방법을 찾으면 그것으로 기분 나쁜 감정을 해소해버렸다. 노인들은 안 좋은 기분을 그날 저녁까지 이어가는 일이 확연히 적었다.

또한 연구진에 따르면 갈등에 대한 소극적 대처는 주로 노년층이 추구하는 방식이었다. 노년층은 청년들과 달리 그들에게 남은 수명이 점점 줄어들고 있음을 정확히 인식하고 있다. 그러므로 현재의 행복에 집중하며 목표를 먼 미래에 두지 않는다. 그런 이유에서 나이가 많은 사람들은 조화를 추구하고 대인관계에서 오는 긴장을 피하려는 경향이 있다. 격앙된 논쟁으로 서로 언성을 높이기보다 불필요한 충돌은 최대한 피하자는 인생관이 뚜렷해진다.

화난 배우자가 진정될 때까지 기다리고, 자녀를 나무라

는 일을 자제하고, 분노한 친구가 마음을 다스릴 시간을
주는 것. 황혼에 접어든 노년층에게 이는 비겁한 행동이
아니라 조화를 유지하고 지금 당장 기분 좋게 사는 영리한
비결이다.

090

행동을 바꾸는
사소한 제스처

영화나 드라마 장면 속에는 눈에 잘 띄지 않는 곳까지 곳곳에 특정 브랜드 상품이 배치되어 있다. 광고 담당자들은 그렇게 해서라도 특정 자동차나 시계에 대한 우리의 구매욕을 자극하려고 한다. 거의 모든 방법을 동원하여 시청자를 유혹한다. 하지만 그런 광고가 실제로 우리에게 어떻게 와닿고 있을까?

이와 관련하여 한 실험을 했다. 실험 참가자를 목이 마른 사람과 그렇지 않은 사람 두 그룹으로 나눈 후, 그들의 감정을 끌어내려는 목적으로 전원에게 한 번은 화난 얼굴로, 한 번은 친근한 얼굴로 물을 건넸다. 이때 본능적으로 알아차릴 정도로 아주 잠시 얼굴을 찌푸리거나 미소를 머금었다. 그러고는 참가자가 느낀 무의식적인 감정이 물을 마시는 행동에 변화를 야기하는지, 목이 마른 참가자와 그렇지 않은 참가자 사이에 차이가 있는지 지켜봤다.

그 결과 갈증이 있는 참가자만이 상대의 화나거나 친근한 표현에 행동의 변화를 일으켰다. 그들은 상황에 따라 물을 적게 마시거나 더 많이 마셨다. 즉 갈증이 있는 참가자에게 화난 표정으로 물을 건네자 참가자들이 마시는 물의 양도 감소했고, 그 음료를 부정적으로 평가했다. 반면 웃는 얼굴로 음료를 건네자 참가자들은 그 음료를 더 많이 마시고, 긍정적으로 평가했다. 하지만 갈증이 없었던 참가자의 경우 이러한 효과는 관찰되지 않았다.

무의식적인 감정적 반응은 특정한 조건에서만 행동과 태도에 영향을 미친다. 동기란 감정과 함께 반응하여 행동을 유도한다. 그런데 이러한 과정이 무의식적으로 일어날 수도 있다. 우리가 하는 행동의 정확한 이유를 설명하지 못하는 경우가 많은 것도 이런 이유 때문이다.

동기와 감정의 상호작용은 열쇠 구멍과 열쇠와도 같다.

열쇠 구멍에 꼭 맞는 열쇠가 있어야지만 비로소 그에 부합하는 행동으로 이어진다.

협상에서 밑지는 일이 자주 일어나는가?

협상할 때는 타인의 시각에서 생각하되,
감정까지 이해하지는 말자.

091

이상형을 보면
그 사회가 보인다

'남자는 여자의 외모를 보고, 여자는 남자의 돈과 능력을 본다'는 생각은 아직도 완전히 사라지지 않은 오래된 클리셰다. 정말 그것이 사실일까? 만약 그렇다면, 그러한 성별 차이점을 어떻게 설명할 수 있을까?

진화심리학자들은 우리가 바라는 배우자에 대한 이상형이 뇌에 각인되어 있다고 생각했다. 무엇보다 2세를 낳고 키우는 데 그러한 장점이 도움이 되기 때문이다. 아이를 키울 때 아낌없는 지원을 기대하는 여성은 높은 사회적 신분과 재원을 소유한 남성을 선호하는 것이다. 반면 남성은 매력적이고 아이를 잘 낳을 것 같은 여성을 선호한다.

그 밖에 사회 요인의 역할에 중점을 둔 접근 방식도 있다. 파트너를 결정할 때 생길 자원(교육, 재산)의 증가와 분포 측면에서도 성별에 따라 차이가 나타났다. 순전히 남자가 먼저 접근해서 파트너를 선택하는 여성의 경우 무엇보다 사회적 신분이 높은 사람을 선택하려는 경향이 있었다.

영국 요크대학교의 심리학자 마르셀 젠트너Marcel Zentner와 클라우디아 미투라Klaudia Mitura는 불평등이 진부한 이상형을 야기한다는 생각과 관련된 실험을 시행했다. 심리학자들은 여러 국가에서 시행한 두 가지 실험을 통해 성별에 따른 신분 차이와 이상형의 관계를 비교 분석했다. 첫 번째 실험에서 연구진은 사회에서 남녀 불평등이 비교적 낮은 국가(핀란드) 및 높은 국가(터키)를 포함한 총 10개국의 참가자 3,177명을 조사했다. 연구진은 여성이 차별받는 국가에서 틀에 박힌 성별 선호도가 강하다는 것을 발견했다. 반면 여성과 남성이 비교적 평등한 국가에서는 그런 경향이 매우 낮았다. 그렇다면 여성이 배우자를 고를 때 권력, 신분, 재산을 중요하게 생각할수록 그 여성이 비교적 차별을 받는 사회적 분위기에서 나고 자랐을 가능성이 높다.

남성과 거의 동등한 권리를 가진 여성의 경우 배우자를 선택할 때 상대의 외모도 중요한 역할을 했다.

그러므로 남성과 여성의 평등이 보장되면 배우자를 선택할 때 이상형에 관한 성별 차이는 장기적으로 감소할 것이다. 우리의 이상형과 사고방식에 미치는 진화심리학적 영향력은 사회 변화 적응력에 비해 그리 크지 않은 것으로 보인다.

092

감정 기복과 연애

연애 초기에는 종종 롤러코스터를 타는 것처럼 감정이 오르락내리락 요동친다. 로맨틱한 저녁 데이트를 하다가 갑자기 커다란 오해가 생겨 상대를 맹렬히 비난한다. 연인 사이에서는 얼마나 많은 동요를 버텨내는 것이 가능할까?

이와 관련하여 대학생을 대상으로 한 실험이 시행되었다. 참가자들은 첫 번째 측정 시점 당시 평균 8주 차의 연인들이었다. 참가자들은 10주간 매주 연인 관계 만족도, 상대에게 느끼는 의무감과 기분을 묻는 설문에 응답했다. 그리고 마지막 표본조사 이후 4개월 뒤 여전히 연인 관계가 이어지고 있는지 확인했다.

실험 결과 매주 조사한 연인 관계 만족도에서 동요가 컸던 커플일수록 이별의 위험이 큰 것으로 나타났다. 이는 관계의 만족도에 동요가 심한 사람은 그날 있었던 사건마다 영향을 받았기 때문일 것이다. 연인과의 관계에 대한 만족도가 불안정하면 작은 다툼이 일어나는 순간 예기치 못한 이별을 할 가능성이 커진다. 모든 감정이 그 순간의 관점에서 본 관계에 종속되어 있기 때문이다. 반면 장기적으로 연인 사이의 만족도가 안정적이라고 평가한 사람은 그들의 관계에 대한 헌신과 믿음이 높은 것으로 나타났다. 확실히 그런 사람일수록 일상에서 생기는 소소한 언쟁으로 섣불리 관계의 질을 측정하지 않았으며, 전체를 고려하는 자세로 지속적인 관계를 유지하는 데 기여했다. 그러므로 이별의 위험성이 낮았던 것이다.

한편 연인 관계가 지속된 기간은 관계 만족도 점수의 추이에 아무런 영향을 받지 않았다. 처음부터 낮은 점수로 시작하여 10주간 평균 수치를 유지했든, 실험 초기부터 10주간 만족도가 급격히 하락한 관계이든 관계의 지속 기간은 마찬가지였다. 다시 말해, 처음부터 교제 기간 내내 연인과의 관계에 만족하지 못했거나 시간이 흐를수록 만족도가 하락했거나 하는 것은 아무런 의미가 없었다. 어차피 그런 커플의 십중팔구는 이별이 기정사실이다.

093

좁고 깊은 인맥
VS 넓고 얕은 인맥

친밀한 소수의 인맥은 신뢰할 만하고, 인맥이 폭넓을수록 관계의 질은 피상적일 것이라고들 생각한다. 왜 그런 걸까?

심리학자 시게히로 오이시Shigehiro Oishi와 셸린 케시비르Selin Kesebir는 다양한 형태의 교우 관계를 심도 있게 분석했다. 연구진은 특정 시점에 필요한 인맥 유형을 결정짓는 것은 바로 사회문화적·사회경제적 측면이라고 가정했다. 특히 이동성이 거의 없는 곳, 다시 말해 이사를 하는 일이 드문 지역에 거주하는 사람들에게는 많지 않아도 친한 소수 인맥이 중요할 것이라고 가정했다. 이들은 경제적으로 어려워지면 친한 사람들에게 도움을 구하기도 했다. 이러한 환경에서는 무엇보다 위기의 순간에 서로 의지할 수 있도록 좁지만 깊은 인맥을 형성하고 관리하는 것이 중요하다.

반면 이동성이 활발하고 경제적으로 부유한 지역 사람들의 경우 이렇듯 소수의 끈끈한 우정이 그리 중요하지 않을 수 있다. 한편으로는 이 지역의 사람들이 경제적 독립성을 갖췄기 때문이고, 다른 한편으로는 잦은 이사 탓에 깊은 우정을 쌓는 것이 힘들기 때문이다. 그러므로 이런 상황에서는 폭넓고 조금은 느슨한 인맥이 도움이 될 수 있다.

연구진은 이러한 가정을 검증하기 위해 미국인 200명 이상을 대상으로 실험을 진행했다. 그들은 참가자들에게 세 가지 친구 유형, 즉 가장 친한 친구(그 친구 없이는 살 수 없을 정도의 우정), 가장 친하다고는 할 수 없지만 좋은 친구, 그리고 많이 친하지 않은 지인을 떠올려보라고 요청했다. 이어서 참가자들은 각각의 친구들에게 얼마나 많은 시간과 노력을 투자할 것인지 대답했다. 연구진은 이때 참가자들의 주관적 행복이 얼마나 상승하는지도 확인했다. 또한 참가자는 설문지에 거주 지역의 우편번호도 입력했다. 그 사람이 해당 지역에서 얼마나 자주 이사했는지, 그리고 해당 지역의 중위 소득이 얼마나 되는지 우편번호로 조회했다.

실제로 유동 인구가 적고 가난한 지역에 거주하는 사람들은 벌어들이는 자원의 상당량을 친밀한 소수의 친구에게 쓰며 매우 행복해했고, 폭넓고 느슨한 지인 관계에 투자했을 때는 행복 지수가 낮은 편이었다. 반면 그 외에 서로 다른 세 그룹(높은 이동성에 부유함, 높은 이동성에 빈곤함, 낮은 이동성에 부유함)에 속한 사람들은 소수지만 친밀한 친구 대신 폭넓고 피상적인 교우 관계에 그들의 노력과 시간을 투자할 때 행복이 소폭 증가하는 것으로 나타났다.

우정이 쌓이는 방식은 생활하는 거주 지역에 따라 다르다. 소수 정예의 친구가 특별하고 유익하다는 생각은 이제 옛말이다.

094

외모는 얼마나 중요할까? 1

연인이나 인생을 함께할 동반자를 선택할 때 종종 상대가 나보다 얼마나 매력적인지 비교하곤 한다. 뉴욕 컬럼비아대학교의 연구진은 매력적인 이성과 사귀고 싶은 마음에 자신의 매력이 미치는 영향을 탐구했다.

진화심리학자들은 문화적 측면에서 인간은 아름다움에 관한 독자적인 이상형을 지녔다고 가정했다. 이를테면 커다란 눈, 발그레한 피부, 대칭을 이루는 얼굴형, 허리와 엉덩이의 특정한 비율 등 저마다 매력적으로 느끼고 섹시하다고 인식하는 부분은 제각각이다. 그런데도 사람들은 실제로 이성을 고를 때 그보다 덜 매력적으로 비춰지는 상대를 선택한다. 그 이유는 무엇일까?

이Lee 박사와 그의 연구팀은 포털사이트 'HOTorNOT. com'을 활용하여 연구 조사를 진행했다. 유저들은 사이트에 자기 사진을 등록한 후 그것을 본 다른 유저들에게 사진을 10단계로 평가받았다. 엄청난 성공을 거둔 이 포털사이트는 유저들끼리 메시지를 주고받는 기능을 추가로 도입했다. 연구팀은 이 사이트를 통해 총 160만 명의 사진과 등록된 사진을 평가한 120억 개의 평점을 수집할 수 있었다.

예상대로 유저들은 전부 자신의 매력과 상관없이 외모평점이 높은 프로필의 상대와 만남을 시도했다. 하지만 외모의 매력 지수가 높지 않은 사람일수록 상대의 매력도에 구애받지 않고 데이트 신청을 수락했다.

주로 그리 매력적이지 않은 외모의 소유자들이 자기보다 외형적 매력이 떨어지는 상대를 만날 마음의 준비가 되어 있었던 것은 사실이다. 하지만 그렇다고 상대에 대한 호감이 반감되는 것은 아니다. 그런 사람들은 단순히 외모에 관한 기대치를 낮춘 것뿐이기 때문이다. 왜 아니겠는가? 때로는 유머 감각과 같은 다른 특성이 외모보다 더 중요할 수도 있다. 특히 본인이 미인이 아니라면 더더욱 그렇다. 그러므로 상대의 외모가 얼마나 죽이는지 아닌지Hot or Not는 상관없다!

095

외모는 얼마나 중요할까? 2

사랑에 빠지면, 그 순간 눈이 먼다. 하지만 무엇이 날 사랑에 빠지게 한 걸까? 상대의 외모? 수입? 성격?

그 주제를 심층 분석하기 위해 만 18~54세의 성인을 스피드 데이팅 프로그램에 초청했다. 약 10명으로 구성한 각 그룹은 남자가 여자보다 평균 1.6세 많도록 조합했다. 남자와 여자는 서로 짝을 지어 마주 앉은 뒤 각 3분씩 대화를 나눴다. 자리를 이동하여 상대를 바꾸기 전에 그들은 상대에게 관심이 있는지 그리고 있다면 그 이유를 밝혀야 했다. 스피드 데이팅에서는 두 사람 모두 호감을 표시해야지만 상대의 연락처가 전달됐다. 참가자들은 스피드 데이팅 전후로 자신의 성향과 건강, 성별, 연령, 수입은 물론 지금까지의 연인 관계 정보를 전부 제공했다.

우리의 눈을 가려버리는 상대의 매력은 무엇일까? 상대에게 매력적으로 비춰지는 요인으로는 특히 외모의 매력(얼굴, 목소리, 키, 체중)이 가장 큰 비중을 차지했다. 남자에게 외모는 상대 여자를 선택하는 데 결정적인 역할을 했다. 여자의 경우 외모도 중요한 역할을 했지만 다른 요인들도 포함되어 있었다. 교육 수준, 소득, 개방적 사고방식 등도 앞으로 함께할 이성을 고르는 데 긍정적인 영향을 미쳤다. 한편 남자의 수줍은 태도는 부정적인 영향을 미쳤다. 결국 외모는 첫인상을 거의 좌우했으며 만남에 성공하는 데 매우 중요한 역할을 했다.

한편 남자와 여자는 파트너를 선택할 때 얼마나 까다로울까? 연구 결과 남자는 나이가 들수록 까다로워지는 반면 여자는 나이가 들수록 젊을 때에 비해 까다로운 성향이 약해졌다. 또한 남자가 까다로운 것은 매력으로 평가받는 반면 여자는 그렇지 않았다.

096

수다쟁이는 누구인가

남자들은 친구들과 함께할 때 으레 바에서 맥주 한 잔을 앞에 놓고 묵묵히 앉아 있거나 기껏해야 함께 축구 경기를 보는 한편 여자들은 단짝과 함께 있을 때 서로의 마음을 전부 드러내며 시시콜콜 대화 삼매경에 빠진다. 애리조나대학교의 심리학자 마티아스 멜Matthias Mehl과 그의 동료들은 이러한 클리셰를 과학적 검증대에 올려놓았다. 이를 위해 총 210명의 여성과 186명의 남성이 일상 속에서 나눈 대화가 녹음되었다. 참가자들은 잠에서 깨어난 후 샤워하거나 운동하는 시간을 제외하고 매 순간 신체에 작은 녹음기를 고정한 채 며칠 동안을 그렇게 실험에 동참했다. 녹음기는 12.5분마다 30초씩 기록했다. 그런 뒤 연구진은 이 음성 녹음 데이터를 서면 기록으로 완성했고, 각 시퀀스마다 참가자가 사용한 단어의 개수를 셌다. 이렇게 축적한 데이터를 바탕으로 남성과 여성이 하루 평균 사용하는 단어의 수를 추정했다.

그 결과는 놀라웠다. 참가자들 사이에 엄청난 차이가 두드러졌다. 가장 말이 없는 사람은 하루 평균 695단어를 사용한 반면, 가장 말이 많은 사람은 하루 평균 47,016단어를 사용했다. 하지만 남성과 여성에 관한 클리셰에도 불구하고 성별에서는 눈에 띄는 큰 차이가 없었다. 남성은 하루 평균 15,669단어를, 여성은 평균 16,215단어를 사용했다. 이는 통계적인 측면에서도 무의미한 차이에 불과하다.

그 밖에도 연구진은 표본으로 채택된 사람들 중 말이 많았던 사람들이 여성은 아니었는지 검증했다. 유독 눈에 띄는 몇몇 여성들의 수다 때문에 말을 더 많이 하는 건 여자라는 클리셰가 있는 건 아닐까? 뜻밖에도 표본 테스트에 채택된 가장 말이 많은 사람들은 세 명의 남성이었다. 이번에는 여성들이 주로 어휘를 선택할 때 계속 반복하는 것은 아닌지 확인해보기 위해 어휘의 활용 방식을 살펴보았다. 하지만 여자라고 계속 반복해서 말하는 것도 아니었다.

연구진은 이 연구에 참여한 참가자들이 전부 미국 또는 멕시코 출신이라는 사실을 깨달았다. 이는 데이터의 일반화를 제한하는 요소임이 분명하다. 하지만 일반적으로 차이가 있다면 표본 조사 안에서도 차이가 발견되어야 한다. 그러므로 우리는 일반적인 편견을 재고할 필요가 있다. 주위를 둘러보면 여자만큼이나 수다를 좋아하는 남자가 있기도 하고, 입을 꾹 다물고 말이 없는 여자도 있지 않던가.

097

따라 하려는 심리

확실히 사람은 주변 사람들의 갑작스런 움직임을 따라 하는 경향이 있다. 누군가와 대화할 때 간단한 실험을 해 보자. 앉아 있는 자세를 바꾼 후 상대가 당신의 행동에 어떻게 대응하는지 관찰해보라. 다리를 꼬거나 발을 살짝 흔들며 상대를 관찰해도 좋다.

뇌 시스템의 활성화를 통해 타인의 행동을 관찰하는 것만으로 모방이 일어난다. 심리학자 마이클 호브Michael J. Hove 와 제인 라이슨Jane L. Risen은 타인의 움직임을 따라 하는 동기화 행동이 대인관계를 개선한다고 추측했다. 손끝의 움직임을 활용한 여러 실험에서 연구진은 움직임의 동기화 비율이 그 사람이 상대와의 관계를 어떻게 평가하는지 알려준다는 것을 입증했다. 이를테면 상대와 동일한 리듬으로 손끝을 두드리는 것은 상대를 긍정적으로 평가한다는 것을 의미한다. 움직임의 동기화는 분명히 대인관계에 긍정적인 영향을 미친다.

또 다른 연구팀은 동기화 운동을 보다 심층 분석하기 위해 참가자의 뇌 활동을 측정했다. 연구팀은 다음과 같은 실험을 시행했다. 서로 마주 보고 선 두 사람이 한쪽 팔을 뻗은 채 검지로 서로의 검지를 가리켰다. 이때 실험 참가자들에게 손가락을 최대한 움직이지 말 것을 요청했다. 두 번째 테스트에서 참가자들은 상대의 움직임을 최대한 정확히 따라 했다. 마지막 테스트에서 참가자들은 또 한 번 최대한 움직이지 않고 서로의 손가락을 가리켰다. 이 실험이 진행되는 내내 참가자들의 손가락 움직임과 뇌 활동이 상세히 기록됐다.

그러자 마지막 테스트에서 손가락 움직임이 첫 번째 테스트보다 훨씬 더 일치하는 것으로 나타났다. 최대한 손가락을 움직이지 말라는 똑같은 지시가 있었음에도 이런 결과가 나타났다. 놀랍게도 두 번째 테스트(상대의 손가락 움직임 따라 하기) 이후로는 움직임뿐만 아니라 참가자들의 뇌 활동마저도 서로 비슷해졌다.

동기화와 모방은 우리 뇌에 깊숙이 자리 잡고 있는 시스템으로, 이 작용은 우리가 서로 비슷하게 인식할 수 있도록 만든다. 그런 방식으로 우리는 타인을 보다 잘 이해하게 되고, 상대와 연결되어 있다고 느낀다.

098

SNS로 사회적 욕구를
충족할 수 있을까?

과거에는 상대방의 전화번호를 물었다면, 지금은 "SNS 하십니까?"라고 묻는다. 사람들은 다양한 소셜 미디어와 커뮤니티를 통해 친구, 지인, 예전에 끊긴 인맥과 다시 연결하고 그들과 친분을 쌓는다. 이러한 가상 네트워크virtual network가 아날로그적 관계를 점점 대체하게 되는 걸까?

캘리포니아대학교 로스앤젤레스UCLA의 연구진은 대학생을 상대로 네트워크 규모와 대인관계에서 느끼는 친밀감의 연관성에 대해 조사했다. 연구진은 이를 위해 인터넷 설문조사를 시행했다. 이에 참가자들은 페이스북 사용과

320 ● 321

무작위 접속 선정 방식에 대해 응답했다. 이 과정에서 연구진은 페이스북이라는 수단이 연락이 뜸해지고 거리가 생긴 관계를 빠르게 회복시켜주는 대규모 소셜 네트워크임을 확인할 수 있었다. 물론 새로 형성된 밀접한 관계에서도 이러한 현상이 확인되었지만, 접촉 빈도와 속도는 전자만큼 빠르지 않았다.

인맥이 폭넓은 사람일수록 그들의 활동을 팔로우하는 접속자의 수를 매우 중요하게 생각했다. 게다가 앞으로도 온라인 방문자 수가 더 많아질 것이라고 예상했다. 실험 참가자들에게 페이스북에 피드를 게시하는 이유를 묻자 주된 목적은 바로 감정 표현이라고 응답했다. 이렇듯 감정 표현은 대인관계에서 친밀감을 형성할 때 사용하는 주요 수단 중 하나이다.

더욱이 이 연구에 따르면 폭넓은 네트워크를 구축했거나 더 많은 유저를 보유한 참가자들의 삶의 만족도가 높았는데, 이들은 페이스북을 통해 사회적 지지를 받는다고 느꼈다. 그런 이들에게 대중이 뜻하는 바는 매우 크다. 이렇듯 소셜 네트워크는 사회의 지지와 친밀감을 갈구하는 정신적 욕구를 또 다른 방식으로 충족시키는 것으로 보인다.

099

아이는 모두 듣고 있다

곤히 잠든 아기는 그 무엇도, 그 누구도 알아차리지 못할 것처럼 보인다. 형제자매가 옆에서 재미있게 놀고 있어도, 부모가 밥을 하거나 거실에 TV가 틀어져 있어도 아무 상관도 안 하는 것처럼 말이다. 하지만 아기는 꿈나라에서 조차 주변에 벌어지고 있는 일들을 인지할 뿐만 아니라 반응도 한다.

예전만 해도 상상도 할 수 없었던 일들이 지금은 가능하다. 잠자는 아기의 뇌를 자기공명영상장치MRI로 조사하자 혈류가 증가하며 활성화된 뇌 영역이 영상으로 표시됐다.

이 기술을 활용하여 심리학자들은 잠자는 아기를 장비에 누이고 외부 소리가 날 때마다 아기의 뇌에서 벌어지는 현상을 검사했다.

오리건대학교의 심리학자 앨리스 그레이엄Alice Graham과 그녀의 동료들은 MRI 장치로 생후 6~12개월 된 아기 20명의 뇌 활동을 측정했다. 동시에 연구진은 성인 남성에게 무작위로 선정한 낱말의 일부를 화난 음성, 즐거운 음성, 무감정한 음성으로 읽게 했다. 실험에 참가한 아기들 전부 각기 다른 감정에 따라 특정 뇌 영역이 활성화되는 반응을 보였다.

더욱 흥미로운 점은 아기들의 반응이 서로 각양각색이었다는 것이다. 집에서 자주 싸우는 부모를 둔 아기들은 감정이 실리지 않은 음성보다 화난 음성에 뇌 반응 활동이 활발히 나타났다. 반면 집에서 부모가 싸우는 일이 드물거나 아예 없는 경우 해당 뇌 영역의 반응도가 그리 높지 않았다. 활성화된 뇌 영역은 바로 스트레스 관리와 관련이 있는 부위였다. 부모의 갈등 때문에 스트레스를 많이 받은 아기들은 잠자고 있는 동안에도 화난 음성에 예민하게 반응했다.

비교적 온건한 스트레스라도 아기의 뇌는 반응한다. 그리고 이는 아기의 발달에 부정적인 영향을 미친다. 그러므로 자주 다투는 부모들에게 조언을 하고 싶다. 방문을 닫고 상대와 조용히 언쟁하라. 아기들은 전부 다 듣고 있다. 심지어 잠자면서도 듣는다!

100

행복을 주는
사소한 제스처

마치 투명인간이 된 것 같은 기분이 들 때가 있지 않은가? 무시당할 때면 우리의 마음은 짓눌린다. 사회적인 접촉이 장기간 결핍으로 지속되면 신체적, 정신적 문제로 이어진다.

사람에게 대인관계란 매우 중요하다. 때문에 아주 사소한 신호에도 나를 받아들이는지 거부하는지를 알아차리는 능력이 발달된 것으로 보인다. 세계 각국의 심리학자들이 참여한 공동 연구팀은 길거리에서 낯선 사람과 눈이 마주쳤을 때 상대가 나를 투명인간 보듯 지나친다면 기분에 어떤 변화가 일어날지 실험했다. 연구진은 낯선 사람과 눈이 마주친 것만으로도 단절된 것 같은 기분이 감소할 것인지, 상대에게 공기 같은 대우를 받는 순간 거부당했다는 느낌과 함께 세상에 동떨어진 기분이 들 것인지 실험을 통해 확인하고자 했다. 이어 또 다른 실험을 통해 연구진은 눈을 마주치기만 해도 서로 연대감을 느낄 수 있는지, 아니면 거기에 긍정적인 신호가 더해져야 하는지도 확인했다.

연구진은 대학 캠퍼스 내 건물의 북적이는 장소에 연구진의 지시를 받은 젊은 여성과 실험 참가자가 서로 스쳐가게 했다. 혼자서 길을 가던 참가자가 가까워지자 젊은 여성이 맞은편으로 걸어갔다. 여성의 시선이 곁을 지나치는 사람의 귀를 훑거나 상대의 눈과 곧바로 마주쳤다. 그리고 다음 실험에서는 젊은 여성이 눈을 맞추고 잔잔한 미소를 지었다. 연구진은 그 자리에서 약 5~6미터쯤 이동한 실험 대상을 잠시 멈춰 세우고 두 개의 질문을 했다. "마지막 몇 분 동안 마주 걸어오던 사람과 단절되어 있다는 기분이 들었습니까?" "방금 전 낯선 사람에게서 누군가와 연결되어 있다는 유대감의 신호를 느꼈습니까?" 예상대로 지나가듯 시선이 스친 사람보다 눈이 마주친 두 상황에서 사람들은 서로 연결되고 인정받은 기분을 느꼈다. 하지만 이 또한 여성과 눈이 마주치고, 상대가 미소 지었음을 알아차린 사람들에게만 해당되었다.

물론 이러한 효과는 환경과 문화에 따라 차이가 있을 수 있다. 사회적 인정을 드러내는 신호를 받지 못했을 때 생기는 영향력은 익명성이 강한 대도시보다 지방의 작은 마을에서 더 부정적으로 나타난다. 하지만 장소가 어디든 상대와 눈 한 번 마주치고 싱긋 미소 짓는 것만으로도 대인관계에서 느끼는 행복감이 증가한다.

참고 문헌

001 성격은 평생 간다?

Ready, R. E. & Robinson, M. D. (2008). Do older individuals adapt to their traits? Personality-emotion relations among younger and older adults. *Journal of Research in Personality, 42*, 1020-1030.

002 먹는 게 낙이라면 삶을 돌아봐라

Job, V., Oertig, D., Brandstätter, V. & Allemand, M. (2010). Discrepancies between implicit and explicit motivation and unhealthy eating behavior. *Journal of Personality, 78*, 1209-1238.

003 은유는 현실이 된다

Zhong, C.-B. & Leornadelli, G. J. (2008). Cold and lonely: Does social exclusion literally feel cold? *Psychological Science, 19*, 838-842.

004 돈을 어디에 쓸까? 1 : 물건 사기 VS 여행 가기

Van Boven, L. & Gilovich, T. (2003). To do or to have? That is the question. *Journal of Personality and Social Psychology, 85*, 1193-1202.

005 돈을 어디에 쓸까? 2 : 나에게 쓰기 VS 남에게 쓰기

Aknin, L. B., Barrington-Leigh, C. P., Dunn, E. W., Helliwell, J. F., Burns, J., Biswas-Diener, R., Kemeza, I., Nyende, P., Ashton-James, C. E. & Norton, M. I. (2013). Prosocial spending and well-being: Cross-cultural evidence for a psychological universal. *Journal of Personality and Social Psychology, 104*, 635-652.

006 아마존을 떠도는 불안감

Vicary, A. M. & Fraley, R. C. (2010). Captured by true crime: Why are women drawn to tales of rape, murder, and serial killers? *Social Psychological and Personality Science, 1*, 81-86.

007 왜 기분 나쁜 영화를 볼까?

Riediger, M., Schmiedeck, F., Wagner, G. & Lindenberger, U. (2009). Seeking pleasure and seeking pain: Differences in prohedonic and contra-hedonic motivation from adolescence to old age. *Psychological Science, 20*, 1529-1535.

008 부끄러울 땐 파운데이션!

Dong, P., Huang, X. & Wyer, R. S., Jr. (2013). The illusion of saving face: How people symbolically cope with embarrassment. *Psychological Science, 24*, 2005-2012.

009 효과적으로 긍정하는 법

Wood, J. V., Perunovic, W. Q. E. & Lee, J. W. (2009). Positive self-statements: Power for some, peril for others. *Psychological Science, 20*, 860-866.

010 돈과 자유와 행복

Fischer, R. & Boer, D. (2011). What is more important for national well-being: money or autonomy? A meta-analysis of well-being, burnout, and anxiety across 63 societies. *Journal of Personality and* Social Psychology, 101, 164-184.

011 경험이 독이 될 때

Campbell, T., O'Brien, E., Van Boven, L., Schwarz, N. & Ubel, P. (2014). Too much experience: A desensitization bias in emotional perspective taking. *Journal of Personality and Social Psychology, 106*, 272-285.

012 감정에 휘둘리지 않는 법

Yip, J. A. & Cote, S. (2012). The emotionally intelligent decision maker: Emotion-understanding ability reduces the effect of incidental anxiety on risk taking. *Psychological Science, 24*, 48-55.

013 행복을 음식처럼

Gruber, J., Mauss, I. B. & Tamir, M. (2011). A dark side of happiness? How, when, and why happiness is not always good. *Perspectives on Psychological Science, 6*, 222-233.

014 월요병은 있다

· Bodis, J. Boncz, I. & Kriszbacher, I. (2010). Permanent stress may be the trigger of an acute myocardial infarction on the first workday of the week. *International Journal of Cardiology, 144*, 423-425.

· Ohtsu, T., Kokaze, A., Osaki, Y., Kaneita, Y., Shirasawa, T., Ito, T., Sekii, H., Kawamoto, M. & Ohida, T. (2009). Blue monday phenomenon among men: Suicide deaths in Japan. *Acta Medica Okayama, 63*, 231-236.

015 웃는 사람이 더 오래 산다

Abel, E. A. & Kruger, M. L. (2010). Smile intensity in photographs predicts longevity. *Psychological Science, 21*, 542-544.

016 행복해지고 싶다면 자연으로 가라

Nisbet, E. K. & Zelenski, J. M. (2011). Underestimating nearby nature: Affective forecasting errors obscure the happy path to sustainability. *Psychological Science, 22*, 1101-1106.

017 나이 들수록 침착해진다?

Brose, A., Scheibe, S. & Schmiedek, F. (2013). Life contexts make a difference: Emotional stability in younger and older adults. *Psychology and Aging, 28,* 148-159.

018 내 아이는 나를 행복하게 해줄까?

Nelson, S. K., Kushlev, K., English, T., Dunn, E. W. & Lyubomirsky, S. (2013). In defense of parenthood: Children are associated with more joy than misery. *Psychological Science, 24,* 3-10.

019 SNS의 심리적 전염 효과

Kramer, A. D. I., Guillory, J. E. & Hancock, J. T. (2014). Experimental evidence of massive-scale emotional contagion through social networks. *Proceedings of the National Academy of Sciences, 111,* 8788-8790.

020 갈망에 대하여

Scheibe, S., Freund, A. M. & Baltes, P. B. (2007). Toward a developmental psychology of Sehnsucht (life longings): The optimal (utopian) life. *Developmental Psychology, 43,* 778-795.

021 흐린 날 일해라

Lee, J. J., Gino, F. & Staats B. R. (2014). Rainmakers: Why bad weather means good productivity. *Journal of Applied Psychology, 99,* 504-513.

022 애플 제품을 쓰면 아이디어가 샘솟는다?

Fitzsimons, G. M., Chartrand, T. L. & Fitzsimons, G. J. (2008). Automatic effects of brand exposure on motivated behavior: How Apple makes you "think different". *Journal of Consumer Research, 35,* 21-35.

023 집중력이 떨어지면 자연으로 가라

Berman, M., Jonides, J. & Kaplan, S. (2009). The cognitive benefits of interacting with nature. *Psychological Science, 19,* 1207-1212.

024 같은 얘기를 또 하는 이유

Gopie, N. & MacLeod, C. M. (2009). Destination memory: Stop me if I've told you this before. *Psychological Science, 20*, 1492-1499.

025 나이가 많은 사람이 더 지혜로울까?

Staudinger, U. M. & Baltes, P. B. (1996). Weisheit als Gegenstand psychologischer Forschung. *Psychologische Rundschau, 47*, 57-77.

026 '구체적인 생각'의 힘 1 : 실천력

Sheeran, P. & Silverman, M. (2003). Evaluation of three interventions to promote workplace health and safety: Evidence for the utility of implementation intentions. *Social Science & Medicine, 56*, 2153-2163.

027 '구체적인 생각'의 힘 2 : 추진력

McCrea, S. M., Liberman, N., Trope, T. & Sherman, S. J. (2008). Construal level and procrastination. *Psychological Science, 19*, 1308-1314.

028 많이, 오래 기억하려면 휴식을 취해라

Dewar, M., Alber, J., Butler, C., Cowan, N. & Della Sala, S. (2012). Brief wakeful resting boosts new memories over the long term. *Psychological Science, 23*, 955-960.

029 목표는 하나일수록 좋다

Zhang, Y. Z., Fishbach, A. & Kruglanski, A. W. (2007). The dilution model: How additional goals undermine the perceived instrumentality of a shared path. *Journal of Personality and Social Psychology, 92*, 389-401.

030 최종 목표만 보지 마라

Houser-Marko, L. & Sheldon, K. M. (2008). Eyes on the prize or nose to the grindstone? The effects of level of goal evaluation on mood and motivation. *Personality and Social Psychology Bulletin, 34,* 1556-1569.

031 때로는 포기해라

Wrosch, C., Scheier, M. F., Miller, G. E., Schulz, R. & Carver, C. S. (2003). Adaptive self-regulation of unattainable goals: Goal disengagement, goal reengagement, and subjective well-being. *Personality and Social Psychology Bulletin, 29,* 1494-1508.

032 사진을 찍어두면 기억을 잘할까?

Henkel, L. A. (2014). Point-and-shoot memories: The influence of taking photos on memory for a museum tour. *Psychological Science, 25,* 396-402.

033 칭찬이 잘못했네

Brummelman, E., Thomaes, S., Orobio de Castro, B., Overbeck, G. & Bushman, B. J. (2014). "That's not just beautiful — that's incredibly beautiful!": The adverse impact of inflated praise on children with low self-esteem. *Psychological Science, 25,* 728-735.

034 동영상 학습은 얼마나 효과가 있을까?

DeLoache, J. S., Chiong, C., Sherman, K., Islam, N., Vanderborght, M., Troseth, G. L., Strouse, G. A. & O'Doherty, K. (2010). Do babies learn from baby media? *Psychological Science, 21,* 1570-1574.

035 경고 문구와 소비 심리

Steinhart, Y., Carmon, Z. & Trope, Y. (2013). Warnings of adverse side effects can backfire over time. *Psychological Science, 24,* 1842-1847.

036 저 사람 내가 아는 사람인데?

Hussain, Z., Sekuler, A. B. & Bennett, P. J. (2011). Superior identification of familiar visual patterns a year after learning. *Psychological Science, 22,* 724-730.

037 살찌게 하는 생각

McFerran, B. & Mukhopadhyay, A. (2013). Lay theories of obesity predict actual body mass. *Psychological Science, 24,* 1428-1436.

038 건강해지는 생각

Forstmann, M., Burgmer, P. & Mussweiler, T. (2012). "The mind is willing but the flesh is weak": The effects of mind-body dualism on health behavior. *Psychological Science, 23,* 1239-1245.

039 레드가 이긴다

· Hill, R. A. & Barton, R. A. (2005). Red enhances human performance in contests. *Nature, 435,* 293.

· Cuthill, I. C., Hunt, S., Cleary, C. & Clark, C. (1997). Colour bands, dominance, and body mass regulation in male zebra finches(Taeniopygia guttata). *Proceedings of the Royal Society B, 264,* 1093-1099.

040 멀고 넓게 생각하라

Jia, L., Hirt, E. & Karpen, S. (2009). Lessons from a faraway land: The effect of spatial distance on creative cognition. *Journal of Experimental Social Psychology, 45,* 1127-1131.

041 착한 소비의 두 얼굴

Mazar, N. & Zhong, Ch.-B. (2010). Do green products make us better people? *Psychological Science, 21,* 494-498.

042 이기적인 것이 이타적이다

· Holmes, J. G., Miller, D. T. & Lerner, M. (2002). Committing altruism under the cloak of self-interest: The exchange fiction. *Journal of Experimental Social Psychology, 38,* 144-151.

· Miller, D. T. (1999). The norm of self-interest. *American Psychologist, 54*, 1053-1060.

043 노인이 청년보다 관대할까?

Freund, A. M. & Blanchard-Fields, F. (2014). Age-related differences in altruism across adulthood: Making personal financial gain versus contributing to the public good. *Developmental Psychology, 50*, 1125-1136.

044 육식 애호가의 불안

Minson, J. A. & Monin, B. (2012). Do-gooder derogation: Disparaging morally motivated minorities to defuse anticipated reproach. *Social Psychological and Personality Science, 3*, 200-207.

045 피곤하면 착하게 살기 힘들다

Mead, N. L., Baumeister, R. F., Gino, F., Schweitzer, M. E. & Ariely, D. (2009). Too tired to tell the truth: Self-control resource depletion and dishonesty. *Journal of Experimental Social Psychology, 45*, 594-597.

046 창의성, 훌륭하거나 위험하거나

Gino, F. & Ariely, D. (2012). The dark side of creativity: Original thinkers can be more dishonest. *Journal of Personality and Social Psychology, 102*, 445-459.

047 좋은 일을 하면 좋은 일이 생길까?

Converse, B. A., Risen, J. L. & Carter, T. J. (2012). Investing in Karma: When wanting promotes helping. *Psychological Science, 23*, 923-930.

048 연민의 장벽

Cameron, C. D. & Payne, B. K. (2012). Escaping affect: How motivated emotion regulation creates insensitivity to mass suffering. *Journal of Personality and Social*

Psychology, 100, 1-15.

049 부유할수록 파렴치할까?

Piff, P. K., Stancato, D. M., Côté, S., Mendoza-Denton, R. & Keltner, D. (2012). Higher social class predicts increased unethical behavior. *Proceedings of the National Academy of Sciences of the United States of America, 109*, 4086-4091.

050 남의 불행을 기뻐하는 마음

Cikara, M. & Fiske, S. T. (2012). Stereotypes and schadenfreude: Behavioral and physiological markers of pleasure at others' misfortunes. *Social Psychological and Personality Science, 3*, 63-71.

051 정직한 거짓말쟁이

· Bernard, N. S., Dollinger, S. J. & Ramaniah, N. V. (2002). Applying the Big Five personality factors to the imposter phenomenon. *Journal of Personality Assessment, 78*, 321-333.

· Clance, P. R. & Imes, S. A. (1978). The imposter phenomenon in high achieving women: Dynamics and therapeutic intervention. *Psychotherapy: Theory, Research, and Practice, 15, 241-247*.

· Cowman, S. & Ferrari, J. R. (2002). "Am I for real?": Predicting imposter tendencies from self-handicapping and affective components. *Social Behavior and Personality: An International Journal, 30, 119-126*.

· McGregor, L., Gee, D. & Posey, K. (2008). I feel like a fraud and it depresses me: The relation between the imposter phenomenon and depression. *Social Behavior and Personality, 36, 43-48*.

· Thompson, T., Davis, H. & Davidson, J. (1998). Attributional and affective responses of imposters to academic success and failure outcomes. *Personality and Individual Differences, 25*, 381-396.

052 '두 번째 부탁'을 이용하라

Newark, D. A., Flynn, F. J. & Bohns, V. K. (2014). Once bitten, twice shy: The effect of a past refusal on expectations of future compliance. *Social Psychological and Personality Science, 5*, 218-225.

053 베풀면 건강해진다

Brown, S. L., Nesse, R. M., Vinokur, A. D. & Smith, D. M. (2003). Providing social support may be more beneficial than receiving it: Results from a prospective study of mortality. *Psychological Science, 14*, 320-327.

054 갓 태어난 아기도 도리를 안다

Sloane, S., Baillargeon, R. & Premack, D. (2012). Do infants have a sense of fairness? *Psychological Science, 23*, 196-204.

055 죄책감과 손 씻기

Zhong, C.-B. & Liljenquist, K. (2006). Washing away your sins: Threatened morality and physical cleansing. *Science, 313*, 1451-1452.

056 사형 선고는 정의로운가

Eberhardt, J. L., Davies, P. G., Purdie-Vaughns, V. J. & Johnson, S. L. (2006). Looking deathworthy: Perceived stereotypicality of Black defendants predicts capital-sentencing outcomes. *Psychological Science, 17*, 383-386.

057 불안과 극단

Hogg, M. A., Meehan, C. & Farquharson, J. (2010). The solace of radicalism: Self-uncertainty and group identification in the face of threat. *Journal of Experimental Social Psychology, 46*, 1061-1066.

058 효과적으로 호소하는 법

Feinberg, M. & Willer, R. (2010). Apocalypse soon? Dire messages reduce belief in global warming by contradicting just-world beliefs. *Psychological Science, 22,* 34-38.

059 눈앞에 있는 유혹을 이겨내는 심리 기제

Myrseth, K. R. O., Fishbach, A. & Trope, Y. (2009). Counteractive self-control — when making temptation available makes temptation less tempting. *Psychological Science, 20,* 159-163.

060 외국에서 더 조심해야 하는 것

Eller, A., Koschate, M. & Gilson, K. M. (2011). The ingroup-out-group audience effect in faux pas situations. *European Journal of Social Psychology, 41,* 489-500.

061 이 또한 적응하리라

Gilbert, D. T., Pinel, E. C., Wilson, T. D., Blumberg, S. J. & Wheatley, T. P. (1998). Immune neglect: A source of durability bias in affective forecasting. *Journal of Personality and Social Psychology, 75,* 617-638.

062 병을 부르는 생각들

· Levy, B. (2009). Stereotype embodiment: A psychosocial approach to aging. *Current Directions in Psychological Science, 18,* 332-336.
· Wurm, S., Tesch-Römer, C. & Tomasik, M. J. (2007). Longitudinal findings on aging-related cognitions, control beliefs and health in later life. *Journals of Gerontology Series B: Psychological Sciences and Social Sciences, 62,* 156-164.

063 줄 서는 거 보니 맛집인가 봐!

Koo, M. & Fishbach, A. (2010). A silver lining of standing in line: Queuing increases value of products. *Journal of Marketing Research, 47,* 713-724.

064 여자 허리케인이 더 세다?

Jung, K., Shavitt, S., Viswanathan, M. & Hilbe, J. M. (2014). Female hurricanes are deadlier than male hurricanes. *Proceedings of the National Academy of Sciences, 111,* 8782-8787.

065 무거우니까 중요하다?

Jostmann, N. B., Lakens, D. & Schubert, T. W. (2009). Weight as an embodiment of importance. *Psychological Science, 20,* 1169-1174.

066 홈구장의 열두 번째 선수

Nevill, A. M., Balmer, N. J. & Williams, A. M. (2002). The influence of crowd noise and experience upon refereeing decisions in football. *Psychology of Sport and Exercise, 3,* 261-272.

067 생각한 만큼만 본다

· Nikitin, J. & Freund, A. M. (2011). Age and motivation predict gaze behavior for facial expressions. *Psychology and Aging, 26,* 695-700.

· Simons, D. J. & Chabris, C. F. (1999). Gorillas in our midst: Sustained inattentional blindness for dynamic events. *Perception, 28,* 1059-1074.

068 방을 보면 그 사람이 보인다

Gosling, S. D., Ko, S. J., Mannarelli, T. & Morris, M. E. (2002). A room with a cue: Personality judgements based on offices and bedrooms. *Journal of Personality and Social Psychology, 82,* 379-398.

069 알 수 없는 사람이 매력적이다?

· Whitchurch, E. R., Wilson, T. D. & Gilbert, D. T. (2011). "He loves me, he loves me not…": Uncertainty can increase romantic attraction. *Psychological Science, 22,* 172-175.

· Walster, E., Walster, E., Piliavin, J., & Schmift, L. (1973). "Playing hard to get": Understanding an elusive phenomenon. *Journal of Personality and Social Psychology, 26*, 113-121.

070 연애, 적극적일수록 어려워진다?

Eastwick, P. W., Finkel, E. J., Mochon, D. & Ariely, D. (2007). Selective versus unselective romantic desire: Not all reciprocity is created equal. *Psychological Science, 18*, 317-319.

071 알고 있었다는 착각

Calvillo, D. P. & Rutchick, A. M. (2013). Domain knowledge and hindsight bias among poker players. *Journal of Behavioral Decision Making, 27*, 259-267.

072 건강한 현실주의자

Lang, F. R., Weiss, D., Gerstorf, D. & Wagner, G. G. (2013). Forecasting life satisfaction across adulthood: Benefits of seeing a dark future? *Psychology and Aging, 28*, 249-261.

073 식사가 생존이 될 때

Laran, J. & Salerno, A. (2013). Life-history strategy, food choice, and caloric consumption. *Psychological Science, 24*, 167-173.

074 유령 진동 증후군

Drouin, M., Kaiser, D. H. & Miller, D. A. (2012). Phantom vibrations among undergraduates: Prevalence and associated psychological characteristics. *Computers in Human Behavior, 24*, 67-86.

075 '쏜살같이 흐른 시간'의 비밀

Sackett, A. M., Nelson, L. D., Meyvis, T., Converse, B. A. & Sackett, A. L. (2010).

You're having fun when time flies: The hedonic consequences of subjective time progression. *Psychological Science, 21*, 111-117.

076 SNS만으로 그 사람을 알 수 있을까?

Back, M. D., Stopfer, J. M., Vazire, S., Gaddis, S., Schmukle, S. C., Egloff, B. & Gosling, S. D. (2010). Facebook profiles reflect actual personality not self-idealization. *Psychological Science, 21*, 372-374.

077 레이디 인 레드

Pazda, A. D., Elliot, A. J. & Greitemeyer, T. (2014). Perceived sexual receptivity and fashionableness: Separate paths linking red and black to perceived attractiveness. *Color Research & Application, 39*, 208-212.

078 근육남에게 근육이란

Swami, V. & Voracek, M. (2013). Associations among men's sexist attitudes, objectification of women, and their own drive for muscularity. *Psychology of Men & Masculinity, 14*, 168-174.

079 롤 모델 효과

Cheryan, S., Siy, J. O., Vichayapai, M., Drury, B. J. & Kim, S. (2011). Do female and male role models who embody STEM stereotypes hinder women's anticipated success in STEM? *Social Psychological and Personality Science, 2*, 656-664.

080 나와 비슷하니까 믿을 만해!

Farmer, H., McKay, R. & Tsakiris, M. (2014). Trust in me: Trustworthy others are seen as more physically similar to the self. *Psychological Science, 25*, 290-292.

081 "OO처럼 해주세요"

Goldstein, N. J., Cialdini, R. B. & Griskevicius, V. (2008). A room with a viewpoint:

Using social norms to motivate environmental conservation in hotels. *Journal of Consumer Research, 35,* 472-482.

082 누구랑 식사하세요?

Young, M. E., Mizzau, M., Mai, N. T., Sirisegaram, A. & Wilson, M. (2009). Food for thought. What you eat depends on your sex and eating companions. *Appetite, 53,* 268-271.

083 나는 분명히 표현했는데!

Vorauer, J. D., Cameron, J. C., Holmes, J. G. & Pearce, D. G. (2003). Invisible over-tures: Fear of rejection and the signal amplification bias. *Journal of Personality and Social Psychology, 84,* 793-812.

084 반려견이 반려자의 역할을 할 수 있을까?

· Wells, D. L. (2007). Domestic dogs and human health: An overview. *British Journal of Health Psychology, 12,* 145-156.
· Clark Cline, K. M. (2010). Psychological effects of dog ownership: Role strain, role enhancement, and depression. *Journal of Social Psychology, 150,* 117-131.
· McConnell, A. R., Brown, C. M., Shoda, T. M., Satyton, L. E. &Martin, C. E. (2011). Friends with benefits: On the positive consequences of pet ownership. *Journal of Personality and Social Psychology, 101,* 1239-1252.

085 스마트폰 좀비가 되는 이유

Lee, Y. K., Chang, C. T., Lin, Y. & Cheng Z. H. (2014). The dark side of smartphone usage: Psychological traits, compulsive behavior and technostress. *Computers in Human Behavior, 31,* 373-383.

086 행복한 관계를 위한 7×3분

Finkel, E. J., Slotter, E. B., Luchies, L. B., Walton, G. M. & Gross, J. J. (2013). A brief intervention to promote conflict reappraisal preserves marital quality over time. *Psychological Science, 24*, 1595-1601.

087 피하지 말고 다가가라

Gable, S. L. & Impett, E. A. (2012). Approach and avoidance motives and close relationships. *Social and Personality Psychology Compass, 6*, 95-108.

088 협상할 때는 공감하지 마라

Galinsky, A. D., Maddux, W. W., Gilin, D. & White, J. B. (2008). Why it pays to get inside the head of your opponent: The differential effects of perspective-taking and empathy in strategic interactions. *Psychological Science, 19*, 378-385.

089 노인과 평화

Charles, S. T., Piazza, J. R., Luong, G. & Almeida, D. M. (2009). Now you see it, now you don't: Age differences in affective reactivity to social tensions. *Psychology and Aging, 24*, 645-653.

090 행동을 바꾸는 사소한 제스처

Winkielman, P., Berridge, K. C. & Wilbarger, J. L. (2005). Unconscious affective reactions to masked happy versus angry faces influence consumption behavior and judgments of value. *Personality and Social Psychology Bulletin, 31*, 121-135.

091 이상형을 보면 그 사회가 보인다

Zentner, M. & Mitura, K. (2012). Stepping out of the caveman's shadow: Nations' gender gap predicts degree of sex differentiation in mate preferences. *Psychological Science, 23*, 1176-1185.

092 감정 기복과 연애

Arriaga, X. B. (2001). The ups and downs of dating: Fluctuations in satisfaction in newly formed romantic relationships. *Journal of Personality and Social Psychology, 80,* 754-765.

093   좁고 깊은 인맥 VS 넓고 얕은 인맥

Oishi, S. & Kesebir, S. (2012). Optimal social-networking strategy is a function of socioeconomic conditions. *Psychological Science, 23,* 1542-1548.

094   외모는 얼마나 중요할까? 1

Lee, L., Loewenstein, G., Ariely, D., Hong, J. & Young, J. (2008). If I'm not hot, are you hot or not? Physical attractiveness evaluations and dating preferences as a function of one's own attractiveness. *Psychological Science, 19,* 669-677.

095   외모는 얼마나 중요할까? 2

Asendorpf, J. B., Penke, L. & Back, M. D. (2011). From dating to mating and relating: Predictors of initial and long-term outcomes of speed-dating in a community sample. *European Journal of Personality, 25,* 1, 16-30.

096   수다쟁이는 누구인가

Mehl, M. R., Vazire, S., Ramirez-Esparza, N., Slatcher, R. B. & Pennebaker, J. W. (2007). Are women really more talkative than men? *Science, 317,* 82.

097   따라 하려는 심리

· Hove, M. J. & Risen, J. L. (2009). It's all in the timing: Interpersonal synchrony increases affiliation. *Social Cognition, 27,* 949-960.
· Yun, K., Watanabe, K., & Shimiojo. S. (2012). Interpersonal body and neural synchronization as a marker of implicit social interaction. *Scientific Reports, 2.*

098   SNS로 사회적 욕구를 충족할 수 있을까?

· Manago, A. M., Taylor, T. & Greenfield, P. M. (2012). Me and my 400 friends: The anatomy of college students' Facebook networks, their communication patterns, and well-being. *Developmental Psychology, 48,* 369-380.

099 아이는 모두 듣고 있다

Graham, A. M., Fisher, P. A. & Pfeifer, J. H. (2013). What sleeping babies hear: A functional MRI study of interparental conflict and infants' emotion processing. *Psychological Science, 24,* 782-789.

100 행복을 주는 사소한 제스처

Wesselmann, E. D., Cardoso, F. D., Slater, S. & Williams, K. D. (2012). To be looked at as though air: Civil attention matters. *Psychological Science, 23,* 166-168.

저자 소개

미리엄 데핑(Miriam K. Depping)

베를린, 파리, 토론토에서 심리학을 전공했다. 2013년 취리히대학교에서 박사 학위를 취득했다. 인생 경로에 따른 의사결정과 건강 부문의 의사결정이 어떻게 변하는지 집중적으로 연구했다. 2014년부터 함부르크에 거주하고 있으며 함부르크 에펜도르프대학병원에서 연구원으로 근무 중이다.

알렉산드라 프로인트(Alexandra M. Freund)

1994년 프라이에대학교에서 심리학 박사 학위를 취득했다. 이후 스탠퍼드대학교, 베를린 막스 플랑크 연구소, 노스웨스턴대학교에서 근무한 뒤 2005년 취리히대학교의 심리학 연구소 교수로 강단에 섰다. 주요 연구 과제는 '청소년기부터 노년기에 이르는 동기 발달 및 성공적인 발달 과정'이었는데, 이 주제와 관련하여 120편이 넘는 논문을 편찬했다.

마리 헤네케(Marie Hennecke)

보훔의 루르대학교에서 심리학을 전공했다. 2011년 베를린 막스 플랑크 연구소에서 국제 연구원으로 박사 학위를 취득했다. 그런 뒤 미국 버지니아대학교에서 연구를 이어갔다. 2013년 이후 취리히대학교의 '일반 심리학: 동기부여' 과목의 강사로 강단에 서고 있다. 건강 분야에서 개인이 설정한 목표를 성공적으로 달성하는 데 필요한 조건을 연구하고 있다.

베로니카 요브(Veronika Job)

2007년 취리히대학교에서 동기심리학 전공으로 박사 학위를 취득했다. 그 후 스탠퍼드대학교에서 연구원으로 2년간 근무했으며, 현재는 취리히대학교의 심리학 연구소에서 근무 중이다. 의지력에 대한 일반인들의 생각 그리고 그것이 자기규제와 목표 설정, 그 목표를 달성하려는 노력과 행복에 어떠한 영향을 미치는지를 심층 연구 중이다.

올리버 카프탄(Oliver J. Kaftan)

취리히대학교에서 심리학과 철학을 전공하였으며 2013년 박사 학위를 취득했다. 주된 관심사는 꼭 필요하거나 개인적으로 유의미한 활동을 미루는 이유가 무엇인지 그리고 그 대신에 취하는 행동의 이유가 무엇인지에 대한 것이다.

미하엘라 크네히트(Michaela Knecht)

취리히대학교에서 심리학을 전공한 후 금융기관 크레디트 스위스의 인적자원 및 마케팅 부서, 사회 예방 의학 연구소의 건강 연구 및 건강 관리 부서에서 근무했다. ETH 취리히대학교에서 박사 학위를 취득했다. 2011년부터 취리히대학교 심리학 연구소의 연구원으로 근무하며 다양한 삶의 영역에 등장하는 갈등과 상호작용을 연구하고 있다.

카트린 크라우제(Kathrin Krause)

2013년 취리히대학교에서 심리학 박사 학위를 취득했다. 2014년 4월부터 스위스 베른의 건강증진 재단에서 능률 매니지먼트 부문을 선도하며 회사와 조직에서 훌륭한 근무 조건을 촉진하기 위한 프로젝트를 관리하고 평가한다. 특히 선호하는 분야는 평생 학습, 동기부여 및 목표 달성, 경제와 과학 분야의 파트너와 함께하는 긴밀한 협력 관계이다.

저자 소개

로베르토 라 마르카(Roberto La Marca)

2009년 취리히대학교에서 박사 학위를 취득했다. 전문 분야는 신체적, 정신적 프로세스의 연관성으로 특히 스트레스를 중점적으로 연구했다. 취리히대학교, 스위스연방공과대학, 런던 대학교에서 연구원으로 근무했다. 2011년에 취리히대학교로 돌아와 임상심리학과 심리치료학과의 강사로 강단에 서고 있으며 슈퍼비전 심리치료사로도 활동하고 있다.

마이다 무스타픽(Maida Mustafic)

대학에서 사회심리학을 전공했고 2007년에 졸업했다. 2012년 평생의 동기부여 발달에 초점을 맞춘 연구로 취리히대학교에서 박사 학위를 취득했다. 2012년 트리어대학교에서 우리의 역량을 평생 갈고닦을 수 있는 방법에 관한 연구를 시작했는데, 2014년부터는 룩셈부르크대학교에서 연구를 이어가고 있다. 관심 분야는 특히 사회 관계에서 나타나는 동기부여와 감정 및 인지 과정이다.

야나 니키틴(Jana Nikitin)

취리히대학교에서 박사 학위를 취득하였으며 현재 동 대학교의 강사로 근무하고 있다. 2014년에는 노르웨이 트롬쇠대학교의 부교수로 강단에 서기도 했다. 사회 관계에서 사람을 움직이는 것이 무엇인지 연구했다. '사랑, 결속을 찾거나 고독을 피하거나 거부하려면 어떻게 해야 하는가'라는 연구를 통해, 서로 다른 두 동기가 삶의 단계에서 어느 지점에 위치하느냐에 따라 결과가 다를 수 있음을 입증했다.

제시카 오슈발트(Jessica Oschwald)

취리히와 코네티컷에서 심리학과 경영학을 전공했다. 대학에서 공부를 하는 중에도 발달심리학과 인지 분야의 학생 조교로 근무했다. 플로리다대학교에서 수학하는 동안 업무 기억력과 시각적 주의 과정에 관한 질문을 집중적으로 연구했다. 현재는 매거진 《포커스(Focus)》의 학술 부분 담당자로 근무 중이다.

요하네스 리터(Johannes Ritter)

트리어대학교와 발렌시아대학교에서 심리학과 철학을 전공했다. 2009년 취리히대학교에서 박사 학위를 취득했으며 현재 에르푸르트대학교에서 사람이 의사결정을 내리는 인지적 근거와 성공적인 의사결정을 위한 조건에 관한 문제를 연구하고 있다.

크리스티나 뢰케(Christina Röcke)

2006년 베를린 막스 플랑크 연구소와 FU 베를린에서 국제 펠로우로 활동하며 교육연구 분야의 박사 학위를 취득했다. 보스턴과 취리히에서 박사 후 과정을 마친 후 2009년과 2013년에 연령별 유연성 역량센터의 학술 대표이사로 부임했으며 취리히대학교에서 '건강한 노화의 역동성'을 중심적으로 연구했다. 주요 연구 분야는 단기 및 장기적 개인 내적변산성과 성인 및 노년기에 느끼는 주관적인 행복과 상대 개념의 전개이다.

요수아 슈마이츠키(Josua Schmeitzky)

바젤과 취리히대학교에서 심리학과 젠더학을 전공했다. 2012년부터 취리히대학교의 박사과정 학생으로 근무 중이며 지루함이라는 주제를 다루고 있다. 그중에서도 특히 지루함을 느낄 때 목표 설정에 미치는 연령별 차이가 핵심 관심 분야이다.

시모네 쇼흐(Simone Schoch)

심리학자 및 체육교사 과정을 이수했다. 2013년 취리히대학교에서 심리학 박사 학위를 취득했다. 2014년 3월부터 취리히 사범대학교에서 근무 중이며 기업 내 건강 관리, 건강과 관련된 경영, 교사의 건강 부문을 다루는 연구와 실습을 병행하고 있다,

▶ 001 성격은 평생 간다? | 026 '구체적인 생각'의 힘 1 | 031 때로는 포기해라 | 066 홈구장의 열두 번째 선수 | 083 나는 분명히 표현했는데! | 087 피하지 말고 다가가라 | 093 좁고 깊은 인맥 VS 넓고 얕은 인맥 | 095 외모는 얼마나 중요할까? 2 | 100 행복을 주는 사소한 제스처

크리스티네 자이거(Christine Seiger)

뮌스터대학교에서 심리학 공부를 마친 뒤 매거진 《오늘의 심리학(Psychologie Heute)》에서 수습 기간을 보냈고, 이어 취리히대학교에서 박사 학위를 취득했다. 2010년부터 취리히대학교 응용심리학과의 여러 부서에서 근무했다. 그 밖에도 성인을 위한 심리치료사로 활동 중이다.

▶ 009 효과적으로 긍정하는 법 | 076 SNS만으로 그 사람을 알 수 있을까? | 082 누구랑 식사하세요?

마르틴 토마시크(Martin Tomasik)

2004년과 2008년 베를린 프라이엔대학교에서 심리학 학위를 취득했으며 2008년 예나의 프리드리히쉴러대학교에서 박사 학위를 취득했다. 개인의 신체적 인지 변화와 사회의 정치적 경제적 변화에 따른 결합과 목표의 해법을 중점적으로 다루고 있다. 2012년부터 취리히대학교에서 근무하며 가족과 함께 샤프하우젠에 거주 중이다.

▶ 008 부끄러울 땐 파운데이션! | 030 최종 목표만 보지 마라 | 032 사진을 찍어두면 기억을 잘할까? | 033 칭찬이 잘못했네 | 062 병을 부르는 생각들

다비드 바이스(David Weiss)

2009년 에르랑겐 뉘른베르크의 프리드리히알렉산더대학교에서 심리학 전공으로 박사 학위를 취득했으며, 취리히대학교에서 박사 후 과정을 마친 뒤 2014년부터 뉴욕 컬럼비아대학교의 부교수로 강단에 서고 있다. 자아와 수명 전반에 걸친 식별 프로세스, 특히 노화 주제를 중점적으로 연구하고 있다.

▶ 050 남의 불행을 기뻐하는 마음 | 057 불안과 극단 | 061 이 또한 적응하리라 | 072 건강한 현실주의자 | 088 협상할 때는 공감하지 마라 | 090 행동을 바꾸는 사소한 제스처 | 091 이상형을 보면 그 사회가 보인다

옮긴이 한윤진

연세대학교 독문학과를 졸업했으며 독일 뷔르츠부르크대학에서 수학했다. 현재 번역 에이전시 엔터스코리아에서 번역가로 활동하고 있다. 옮긴 책으로는 『사랑한다고 상처를 허락하지 마라』, 『내 행복에 꼭 타인의 희생이 필요할까』, 『결혼의 문화사』, 『당신의 생각을 의심하라』, 『파우스트』, 『우주를 향한 골드러시』, 『림비』, 『나는 왜 이런 게 궁금할까』, 『돈, 뜨겁게 사랑하고 차갑게 다루어라』, 『유리로 된 아이』, 『에냐도르의 전설』, 『유언』, 『돌고래처럼 기뻐하고 보노보처럼 사랑하라』, 『Change it』, 『보어아웃』, 『지구 남쪽에 사는 야생동물』, 『미친 기후를 이해하는 짧지만 충분한 보고서』 등 다수가 있다.

작고 똑똑한 심리책

초판 1쇄 발행 2022년 7월 14일

지은이 야나 니키틴, 마리 헤네케 외
옮긴이 한윤진

발행인 이재진	**단행본사업본부장** 신동해	
편집 심슬기	**디자인** 말리북	**교정교열** 이민정
마케팅 최혜진 권오권	**홍보** 최새롬	
국제업무 김은정	**제작** 정석훈	

브랜드 웅진지식하우스
주소 경기도 파주시 회동길 20
문의전화 031-956-7210(편집) 031-956-7068(마케팅)
홈페이지 www.wjbooks.co.kr
페이스북 www.facebook.com/wjbook
포스트 post.naver.com/wj_booking
발행처 ㈜웅진씽크빅
출판신고 1980년 3월 29일 제406-2007-000046호

ISBN 978-89-01-26265-9 03180